QUIKSILVER
PARIS

DELIUS KLASING

LISA UND SVEN JÖCHLER

Wann sind wir da?

REISEN MIT KINDERN IM WOHNMOBIL

DELIUS KLASING VERLAG

Genießt jeden einzelnen Moment, den ihr gemeinsam verbringt.

Die Freude am gemeinsamen Reisen beginnt damit, auch den Weg und den Rhythmus der Reise kindgerecht zu gestalten.

Mit Kissen, Decken und einem wärmenden Tee ist es bei Regen im Wohnmobil doppelt so gemütlich wie anderswo!

Inhalt

Vorwort

»Sehnsucht lässt alle Dinge blühen.«

Als unsere Tochter Aura im Jahr 2020 auf die Welt kam, war für uns klar, dass wir die Elternzeit für gemeinsames Reisen nutzen möchten. Zu diesem Zeitpunkt hatten wir nur wenig Reiseerfahrung im Wohnmobil. Tatsächlich hatten wir erst einmal mit einem älteren, von privat gemieteten Mobil (siehe Seite 34) eine vierzehntägige Tour durch Portugal unternommen.

Was uns an dieser Art des Reisens begeisterte, war der romantische Gedanke eines kleinen, beweglichen Nests, mit dem wir, unserem eigenen Tempo folgend, gemeinsam die Welt erkunden. Wir wollten an den schönsten Stränden frühstücken oder uns bei schlechtem Wetter in kuschelige Decken einhüllen und dabei dem beruhigenden, monotonen Prasseln des Regens auf dem Dach des Mobils lauschen.

Unser Freundes- und Familienkreis reagierte auf unseren Reisewunsch nicht nur mit Begeisterung. So etwas traut ihr euch mit einem Neugeborenen?, das war in etwa der Tenor. Und was ist, wenn »etwas« ist? Wenn das Kind krank wird? Welche Kleidung nehmt ihr mit? Wie macht ihr das mit dem Essen? Oder mit den langen Fahrtzeiten? Habt ihr keine Angst davor, allein im Wohnmobil zu übernachten?

Vielleicht steht ihr jetzt als Eltern eines kleinen oder größeren Kindes vor ähnlichen Fragestellungen. Dann können wir euch direkt beglückwünschen. Die Elternzeitreise mit unserer kleinen Tochter gehört für uns zu den wunderschönsten Erlebnissen unserer Familie. Wir haben tatsächlich gemeinsam dem Regen gelauscht, an traumhaften Stränden gefrühstückt und noch so viel mehr Wunderbares gemeinsam erlebt, von dem wir euch in diesem Buch berichten möchten.

Mittlerweile haben wir über 40.000 Kilometer in 7 verschiedenen Wohnmobilen zurückgelegt, von 3,5 bis 5,5 t zulässigem Gesamtgewicht und bis zu 9 m Länge. Und dies in unterschiedlichen Konstellationen mit bis zu 3 Kindern. Unsere wichtigsten Erfahrungen, die wir auf diesen Reisen machen durften, möchten wir in Form dieses Buches mit euch teilen. Von Eltern, für Eltern. Informativ, kurzweilig, als Inspiration und Nachschlagewerk.

Nützliche Checklisten helfen euch dabei, nichts zu vergessen. Damit ihr als reiselustige Familie ganz entspannt in euer eigenes Abenteuer starten könnt.

Eine schöne gemeinsame Reise und viel Spaß beim Lesen wünschen euch

Lisa und Sven

Auf ein Wort

Wir sind eine Patchwork-Familie, bestehend aus Lisa und Sven, unserer gemeinsamen Tochter Aura (* 2020) und unseren beiden »Großen« Helen (* 2008) und Tim (* 2011). Wir führen gemeinsam eine GbR für Foto- und Filmproduktionen. Aus unserer langjährigen Kooperation mit dem Wohnmobilhersteller Hymer kommen unsere Reise- und Wohnmobilerfahrungen sowie die Fotoaufnahmen aus diesem Buch.

Unsere Erfahrungen sind dennoch echt und persönlich und lassen sich ebenso auf die Wohnmobile anderer Hersteller übertragen. Unser Anliegen ist es, bei unseren Beschreibungen möglichst ehrlich und objektiv zu sein und euch unsere besten Tipps und Hilfestellungen für eure Reisen zu geben.

Um mehr über unsere aktuell bevorstehenden Reisen zu erfahren, nehmen wir euch ein Stück auf unserem Instagram-Account @lisaandsvenjournal mit. In unseren Stories und Beiträgen findet ihr viel Inspiration rund um unseren Reisealltag mit Kindern, nicht nur im Wohnmobil.

Wir freuen uns sehr, wenn ihr in unser fotografisches und filmisches Universum auf unserer Webseite www.lisaandsven.de eintaucht.

»Home is where
you park it.«

Reise vor bereit ung

Wo sollen wir starten?

Mit dieser Frage beginnt das Abenteuer. Jetzt müsst ihr direkt einige Entscheidungen treffen, die die Qualität eurer Reise beeinflussen.
In diesem Kapitel möchten wir euch dabei helfen, den Start eurer Reise bestmöglich zu planen. Dabei spielen folgende Überlegungen eine wichtige Rolle:

- → Gibt es einen **idealen Reisezeitraum?**
- → Wohin möchten wir reisen, und wie soll unsere **Reiseroute** aussehen?
- → Wie viel **Zeit** benötigen wir dafür?
- → Welches **Wohnmobil** ist geeignet für uns?
- → Welchen **Grundriss** soll unser Wohnmobil haben?
- → Was **kostet** uns die Reise?

Schreibt uns

Wir sind keine Technikspezialisten und Wohnmobil-Cracks. Das heißt, wir verstecken unsere Tipps nicht hinter Fachbegriffen, sondern schreiben leicht verständlich und nachvollziehbar. Alle Infos wurden sorgfältig von uns recherchiert. Wenn ihr etwas ergänzen möchtet, einen Fehler entdeckt habt oder uns Feedback geben möchtet, dann schreibt uns sehr gern ein Mail an hello@lisaandsven.de. Wir freuen uns immer über Kritik oder Anregungen und lieben den Austausch mit euch.

Der Reisezeitraum

Solltet ihr in eine Elternzeitreise starten wollen, dann gibt eure geplante Elternzeit den Rahmen vor. Und letztlich beeinflussen eure Bedürfnisse, Vorlieben und Hobbys sowie euer Budget das Reiseland, die Reisezeit und die Wahl des entsprechenden Mobils. Wenn eure Kinder schon größer sind und in die Schule gehen, dann seid ihr an die Ferienzeiten als Reisezeitraum gebunden.

Bei der Planung eurer Reise solltet ihr zunächst folgende Faktoren gegeneinander abwägen:

- die gewünschte oder mögliche Länge eurer Reise in **Reisetagen**
- das **Gesamtbudget**, das sich auch auf die Anzahl der möglichen Reisetage auswirkt, und
- der **Radius** eurer Reise, der von der Anzahl eurer Reisetage abhängt und euch dadurch erreichbare Reiseländer und Reiseziele vorgibt *(siehe auch nächster Abschnitt »Reiseroute«)*

Anhand der möglichen Reiseländer und der von euch angestrebten Aktivitäten legt ihr dann den für euch passenden Reisezeitraum fest.

Unser Tipp

Außerhalb der Ferienzeiten geht es in vielen europäischen Reiseländern etwas ruhiger zu. Für Wohnmobilreisende bedeutet das: Man findet häufig leichter einen Stellplatz. Campingplätze und Wohnmobilmieten sind günstiger. Und bestimmte Richtlinien werden weniger streng kontrolliert. Dafür hat das Meer oder haben Seen vielleicht noch nicht die beste Badetemperatur, oder man muss an manchen Urlaubsorten gewisse Einschränkungen der Infrastruktur hinnehmen, die sich zum Beispiel in geschlossenen Restaurants und Läden zeigen. Allerdings könnt ihr euch mit eurem Wohnmobil gut selbst versorgen.

Unsere Überlegung war immer: **Was möchten wir erleben?** Wollen wir unsere Zeit lieber am Strand verbringen und im Meer baden? Oder ist uns nach Wandern zumute oder nach Radfahren? Möchten wir Städte kennenlernen und Sehenswürdigkeiten entdecken? Oder warten wir bis zum Winter und trauen uns mit dem Wohnmobil in den Schnee?

Diese **Flexibilität** zu haben ist für uns einer der größten Vorteile des Reisens im Wohnmobil. Gerade mit etwas mehr Reisezeit kann ich meine Route so planen, dass ich auf meiner Reise viele unterschiedliche Interessen verbinde. Diese Abwechslung ist es, die wir beim Reisen im Wohnmobil ganz besonders schätzen und auch brauchen, damit eine Reise für uns entspannt bleibt und jeder auf seine Kosten kommt.

»Alles was wir wollen ist, unter dem Sternenhimmel zu schlafen, geweckt zu werden vom Zwitschern wilder Vögel und Kaffee im Licht der aufgehenden Sonne zu trinken.«

Auch mit **kleinen Kindern oder Säuglingen** könnt ihr, wenn ihr entsprechende Vorkehrungen trefft, ganz unterschiedliche Aktivitäten unternehmen. Unserer Erfahrung nach gilt hier die Faustregel: **Weniger ist mehr.** Ein kleines Kind ist schnell von vielen Eindrücken überfordert, was erstmal gegen ausgedehnte Städtetrips und Sightseeing-Touren spricht. Wir empfehlen die Entschleunigung als Kontrast zum Unterwegssein. Ankommen und den neuen Ort auf sich wirken lassen. Eine Picknickdecke unter einem schattigen Olivenbaum ausgebreitet, ein gemütliches Kissen und gemeinsam dem Spiel des Windes in den Blättern zusehen, die Vögel am Himmel beobachten, so lässt sich prima ein ganzer Nachmittag verbringen.

Die Abwechslung ist es, die wir beim Reisen im Wohnmobil ganz besonders schätzen.

Die Reiseroute / Der Radius

Eure Reiseroute hängt stark von der Anzahl der möglichen Reisetage ab. Mit einem sehr kleinen Kind oder Säugling, der noch beim Fahren in einer Babyschale oder in einem Maxi-Cosi angeschnallt werden muss, solltet ihr euch an die **Fahrtzeiten** halten, die Kinderärzte vorgeben. Ein drei Monate altes Baby sollte nicht länger als zwei Stunden in einer Babyschale liegen. Mit älteren Babys lassen sich die Fahrtzeiten verlängern, es sollten aber immer wieder ausreichende Pausen eingeplant werden. Euer Baby hat auch sicher einen Stillrhythmus oder Essensrhythmus, den ihr einhalten möchtet.

Die **Höchstgeschwindigkeit** für einen Camper oder ein Wohnmobil ist abhängig vom zulässigen Gesamtgewicht des Fahrzeugs (bis oder über 3,5 t). Mit einem Wohnmobil bis 3,5 t seid ihr in der Regel an folgende Höchstgeschwindigkeiten auf europäischen Autobahnen gebunden:

- Deutschland: 130 (empfohlene Richtgeschwindigkeit)
- Dänemark: 130
- Frankreich: 130 (110 bei Nässe)
- Italien: 130 (110 bei Nässe)
- Niederlande: 100
- Norwegen: 90
- Österreich: 130
- Portugal: 120
- Schweden: 90–120
- Schweiz: 120
- Spanien: 120

Unser Tipp

Wir möchten euch von reinen Fahr-Tagen abraten. Mit unserer dreijährigen Tochter planen wir im Moment nicht mehr als 350 Kilometer am Tag. Den ganzen Tag im Auto zu sitzen ist nicht nur für Kinder äußerst langweilig. Auch für uns Erwachsene ist das permanente Sitzen und konzentrierte Fahren, selbst mit entsprechenden Pausen, wenig erholsam. Manches Mal lässt es sich nicht verhindern, und man muss eine entsprechende Strecke, meist aus Zeitgründen, überwinden. Dann versuchen wir möglichst die nächsten beiden Nächte am selben Ort zu verbringen und dort mit kleinen Wanderungen oder Ausflügen einen Ausgleich zu schaffen.

Vereinfacht kann man sagen, dass ihr in keinem europäischen Land schneller als 130 km/h fahren dürft. Hat euer Wohnmobil ein zulässiges Gesamtgewicht über 3,5 bis 7,5 t, dann verringert sich die Höchstgeschwindigkeit auf Autobahnen auf meist 80 km/h (Deutschland/Italien: 100 km/h, Frankreich/Portugal: 110 km/h).

Mit diesen Angaben könnt ihr recht gut euren möglichen **Radius berechnen**. Ein Beispiel: Die 800 Kilometer von Hamburg nach München oder von Köln in die Bretagne schafft ihr mit einem Baby und einem Wohnmobil bis 3,5 t in ca. vier Tagen.

Vorausgesetzt, ihr seid pro Tag zwei Stunden auf der Autobahn unterwegs und legt in dieser Zeit 200 Kilometer zurück. Berechnet aber besser etwas mehr Zeit für Versorgungsfahrten ein und zur An- und Abfahrt von Übernachtungsplätzen. Dann sollten es eher fünf Tage sein. Mit älteren Kindern schafft ihr natürlich entsprechend mehr Kilometer pro Tag.

Wir prüfen vor der nächsten Fahrt immer, wie es um unsere **Versorgungslage** bestellt ist. Je nach Wohnmobil und den technischen Gegebenheiten (siehe folgendes Kapitel) gehören dazu die Fragen, ob wir noch genug Frischwasser haben, ob unser Abwassertank (Grauwassertank) geleert werden muss, ob genügend Kraftstoff und Gas vorhanden ist, ob ausreichend Lebensmittel da sind und ob die Toilette geleert werden muss. Bei Mobilen ohne Akkusystem und Photovoltaik müssen wir zudem prüfen, ob wir gerade Strom benötigen, um Handyakkus, Laptops und dergleichen zu laden. Weiter stellt sich noch die Frage, ob wir Wäsche waschen sollten und ob wir gern eine »richtige« Dusche benutzen möchten.

Danach entscheiden wir, wo wir auf der Strecke übernachten bzw. ob wir vorher eine Entsorgungsstation anfahren. Einfache Stellplätze bieten gegen eine meist geringe Gebühr Stromanschluss, Wasserversorgung und Möglichkeiten für die Entsorgung von Grauwasser und der chemischen Toilette. (Den Toiletteninhalt bitte nie anderweitig entsorgen!) Campingplätze sind etwas teurer und haben häufig weniger flexible Anreisemöglichkeiten. Es empfiehlt sich, das Zeitfenster der Anreise und das Vorhandensein freier Plätze mit Hinweis auf die eigene Wohnmobilgröße vorher telefonisch zu erfragen. Viele Campingplätze bieten dafür aber Annehmlichkeiten wie Stromanschlüsse, Toiletten, Duschen, Waschmaschinen und Trockner sowie zusätzlich die Möglichkeit zur Entsorgung der Chemietoilette, des Grauwassers und des Abfalls oder Altglases. Gerade für Kinder sind außerdem auf etlichen Campingplätzen Spielmöglichkeiten vorhanden, manches Mal auch ein Streichelzoo oder ein Pool. Ist ein Restaurant auf dem Platz, kann man sich auch mal das Kochen sparen.

Ankommen und den neuen Ort auf sich wirken lassen.

Wohnmobilhersteller empfehlen übrigens generell, nicht mit vollen Wassertanks loszufahren, da das Gewicht des Wassers bei Kurven und Steigungen auf die Dichtungen drückt. Mit 100 Litern Frischwasser kommen wir ca. drei Tage gut aus, wenn wir das Wasser zum Kochen, Abspülen und Waschen/Duschen nutzen. Trinkwasser haben wir immer separat eingekauft oder füllen es in unseren BPA-freien Kanister ab. Hat unser Mobil eine entsprechende Stromversorgung mit Akkus an Bord, können wir damit tatsächlich einige Tage autark stehen und sind völlig unabhängig von Versorgungsstationen. Dann ist letztlich die Toilette das Erste, was geleert werden muss. Bei drei Personen dauert es im Schnitt drei Tage, bis eine leere Toilette gefüllt ist. Die Puristen unter den Wohnmobilreisenden mögen über unseren Wasserverbrauch und die Toilettennutzung die Nase rümpfen. Manch einer ist sicher sparsamer unterwegs. Aber das sind unsere durchschnittlichen Erfahrungswerte mit Kind, ohne öffentliche Toiletten oder die Landschaft zu nutzen, wobei wir von Letzterem grundsätzlich abraten möchten.

Zu guter Letzt: Unser wichtigstes Tool für die Reiseplanung ist die App **»park4night«**. Mithilfe dieser App lassen sich europaweit Stellplätze und Campingplätze finden. Bei der Vollversion kann ich entlang meiner Google-Maps-Route nach geeigneten Parkplätzen, Stellplätzen für die Nacht oder nach Versorgungsmöglichkeiten suchen und Filter einstellen. Dadurch lassen sich die Suchergebnisse auf Kriterien wie zum Beispiel Toilettenentsorgung oder Stromanschlüsse einschränken. Durch einen Blick in die meist hilfreichen Kommentare kann ich prüfen, ob die Zufahrt und der Platz für meine Wohnmobilgröße ausreicht. Andere Reisende haben oft schon Bewertungen abgegeben, die die Sauberkeit eines Platzes beschreiben oder Fotos davon hochgeladen. Nicht selten informieren die Kommentare auch über den Lärmpegel in der Umgebung bei Nacht, wobei dies alles selbstverständlich subjektive Eindrücke sind. Dennoch geben uns die Kommentare in der App oft brauchbare Hinweise. Wir haben auf unseren Reisen bisher beinahe jede Übernachtung mit »park4night« geplant.

Weitere Apps für die Stellplatzsuche sind zum Beispiel CaraMaps, Stellplatz-Radar von Promobil, VistaPoint, ADAC-Campingführer, Womo-Stellplatz.eu, camping.info und Campercontact.

In Bezug auf die Reiseroute darf ein letzter Hinweis nicht fehlen: Bitte achtet auf die Maße eures Mobils und das zulässige Gesamtgewicht. Gerade wenn ihr es nicht gewohnt seid, mit einem Gefährt dieser Größe unterwegs zu sein, kann das ein oder andere

Unser Tipp

Große Supermärkte, hauptsächlich in Frankreich, haben Wohnmobile schon länger als Umsatzbringer erkannt. Für Wohnmobilreisende bieten sie daher nicht nur geräumige Parkplätze für die Dauer des Einkaufs an, sondern auch die Möglichkeit der Entsorgung von Chemietoiletten und Grauwasser, meist gegen eine geringe Gebühr. Nicht selten sind sogar Waschmaschinen und Trockner vorhanden und das Angebot, Frischwasser zu tanken. Wenn bei uns ein Wocheneinkauf ansteht, nutzen wir diesen Service gern und planen unsere Route entsprechend.

Wir haben dem Regen gelauscht, an traumhaften Stränden gefrühstückt und noch viel, viel mehr.

Unser Tipp

Notiert euch vor Beginn der Reise die wichtigsten Maße eures Mobils, wie Höhe, Breite, Länge und Gewicht, mit einem Klebezettel am Armaturenbrett.

Hindernis »plötzlich« die Weiterfahrt erschweren. Dazu gehören zu niedrige Unterführungen oder Tunnel. Recherchiert besonders bei Passstraßen vor Abfahrt nach entsprechenden Hinweisen in einschlägigen Wohnmobilforen. Manch schmaler Tunnel lässt sich aufgrund seiner oberen Abrundung nur mittig durchfahren. Wenn dann der Tunnel einer Kurve folgt, kann man schnell das Wohnmobil beschädigen oder bei einer gewissen Fahrzeuglänge auch steckenbleiben.

Hin und wieder gibt es auch Brücken, selbst im innerstädtischen Bereich, die nicht mit einem Gewicht über 2,8 oder 3,5 t befahren werden dürfen. Und richtig kuschelig eng werden Sträßchen gern in Küstengebieten oder in Alpennähe, vor allem auf der italienischen Seite. Hier gilt es, permanent im Rückspiegel auch die Seiten und oberen Kanten des Mobils im Blick zu haben, um nicht in einer Kurve mit der aufgebauten Markisenhalterung an einem Balkonvorsprung hängen zu bleiben.

Um euch aber gleich wieder zu beruhigen: Wir sind bisher nur einmal stecken geblieben, und das mit einem Mobil von neun Metern Länge. Der Straße war es vorher nicht anzusehen, dass sie immer schmaler wurde. Als sie dann noch eine enge Kurve machte und links wie rechts von Mäuerchen begrenzt war, kamen wir nicht weiter, sondern mussten mühsam, Zentimeter für Zentimeter, zurücksetzen und umdrehen. Es war rückblickend nicht weiter tragisch, hat uns aber einiges an Zeit, Schweiß und Nerven gekostet. Bei der Reise mit sehr großen Mobilen prüfen wir seitdem bestimmte Streckenabschnitte vorher manuell mit der Satellitenansicht in Google Maps und suchen gezielt nach Stellen, die problematisch werden könnten.

Das Wohnmobil

»Always at home, wherever

Kaufen oder mieten?

Wenn ihr das erste Mal eine Wohnmobilreise plant, werdet ihr vermutlich eher zur Miete tendieren und ausprobieren, was euch gefällt. Wir haben bei unserer ersten Tour ebenfalls ein Wohnmobil gemietet – von privat. Es gibt einige professionelle Vermieter, die sich auf Mobile spezialisiert haben (bestimmt kennt ihr RoadSurfer, McRent oder Roadfans), aber wir fanden die Idee, ein privates Mobil zu mieten, verlockender und günstiger, und wir haben es nicht bereut.

Apps wie z.B. Yescapa, PaulCamper funktionieren wie eine Art AirBnB für Mobile und Camper. In vielen Ländern können auf der Plattform mittlerweile Camper und Mobile von privat gebucht werden, darunter auch einige liebevoll hergerichtete Individualfahrzeuge. Yescapa kümmert sich um die Versicherung der Fahrzeuge und um den Prozess des Anmietens und der Rückgabe mittels Verträgen und Checklisten. Vermieter und Mieter bewerten sich nach der Rückgabe gegenseitig.

Über diesen Weg haben wir bei unserer ersten Wohnmobilreise von privat ein Wohnmobil in Portugal gemietet. Dabei sind wir mit unserem Gepäck von Deutschland aus mit dem Flieger nach Faro gereist, um dort das Mobil entgegenzunehmen. Nach einer ausführlichen Einführungstour haben wir vom Vermieter die Schlüssel bekommen und obendrein seine besten Tipps für schöne Routen und Strände. Für uns war das perfekt so, denn eine eigene Anfahrt nach Portugal mit dem in Deutschland gemieteten Wohnmobil plus Rückfahrt hätte bereits unsere mögliche Reisezeit überschritten. So konnten wir eine wunderschöne Tour entlang der Algarve erleben und uns ganz entspannt in das Land und seine Menschen verlieben.

Wenn ihr doch darüber nachdenkt, ein Wohnmobil zu kaufen, gibt es einige Dinge, die ihr beachten solltet. Wir haben sie euch in einer Checkliste am Ende des Buches (Seite 102) aufgelistet.

Wohnmobil oder Van?

Wir möchten weder für das eine noch das andere plädieren. Jede(r) Reisende hat eigene Vorlieben. Aus unserer Sicht gibt es beim Wohnmobil und beim Van jeweils Vor- und Nachteile, die wir euch aufzeigen wollen, sodass ihr sie gegeneinander abwägen könnt.

Der große Vorteil eines Vans liegt in seiner kompakten Größe. Ihr seid zum Beispiel bei der Wahl des Stellplatzes oder Parkplatzes deutlich flexibler. Nicht wenige Parkplätze in Städten sind für Wohnmobile gesperrt oder zumindest schwer zugänglich (Stichwort Zufahrtstraßen). Mit einem Van findet ihr eher einen Parkplatz in Zentrumsnähe für Ausflüge in Innenstädte. Meist könnt ihr ganz normale Pkw-Plätze nutzen. Auf nahezu vollen Stellplätzen ist eher noch Platz für einen Van als für ein Acht-Meter-Wohnmobil. Oder wenn ihr lieber frei steht: Mit einem Van kommt ihr auf kleineren Zufahrtsstraßen oder Feld-

Ein Wohnmobil zu mieten ist für die ersten Reisen ideal. So könnt ihr ausprobieren, was euch gefällt.

wegen eher an einen Platz in der Natur. In Portugal könnt ihr mit einem Van beispielsweise meist die Parkplätze direkt am Strand nutzen. Wohnmobile müssen weiter außerhalb stehen.

Ein Van lässt sich beinahe wie ein Pkw steuern (natürlich je nach Modell). Ihr kommt auf einer Reise über die Alpen vermutlich durch alle kleineren Tunnel und über alle Pässe, die auch ein Pkw benutzen könnte. Brücken, die nur bis 3,5 t befahren werden können und Durchfahrten unter 2,50 m Höhe stellen kein Problem für euch dar.

In der Größe von Vans liegt aber auch ein Nachteil: Beim Platzangebot seid ihr deutlich eingeschränkt. Das beginnt schon beim Packen für die Reise. Ihr bekommt in einem Wohnmobil meist erheblich mehr Gepäck unter. Fahrräder oder Kinderwagen lassen sich ggfs. noch auf entsprechenden Trägern am Van unterbringen, aber Kleidung, Schuhe, Spielsachen, Lebensmittel – im Wohnmobil habt ihr im Vergleich zum Van, ganz allgemein gesagt, geradezu verschwenderisch viel Platz. Es mag auch Vans mit

großem Platzangebot geben, keine Frage. Aber meist müsst ihr dann an anderer Stelle Abstriche machen, zum Beispiel bei der Dusche (bei Vans oft nur außen), der Toilette (bei Vans meist nicht abgetrennt) oder der Küche sowie Schlaf- und Sitzmöglichkeiten. Eine sehr gute Integration dieser Wohnbereiche bedeutet häufig, dass ihr immer wieder umbauen müsst, um z. B. einmal eher die Küche und dann wieder die Sitzangebote bzw. das Bett zu nutzen.

Aus diesen Gründen haben wir uns für das Reisen im Wohnmobil entschieden. Wir wollten an Tagen mit schlechtem Wetter ausreichend Platzangebot im Innenraum haben. Uns war es zudem von Anfang an wichtig, Räume voneinander abtrennen zu können, sodass jeweils Ruhe-, Arbeits- oder Spielzonen entstehen und jeder auch mal die Möglichkeit hat, sich zurückzuziehen. Das ließ sich bisher in allen Wohnmobilen, mit denen wir unterwegs waren, gut realisieren. Dank großer »Kofferräume«, auch Garagen genannt, konnten wir unser Equipment sowie Fahrräder und Kinderwagen – sogar Fahrradanhänger – immer bequem und einfach zugänglich unterbringen. Die wenigen Einschränkungen bei der Stellplatzwahl nehmen wir dafür gern in Kauf. Bisher haben wir noch immer einen schönen Platz für Tag und Nacht gefunden.

Bei Städten, in denen Wohnmobile etwas außerhalb stehen müssen, gibt es meist gute Anbindungen an den ÖPNV, mit dem wir dann die letzten Kilometer ins Zentrum zurücklegen. Nicht selten sind wir auf solchen Strecken auch zu Fuß unterwegs, was abseits der üblichen touristischen Wege auch zu spannenden Einblicken in Reiseziele führen kann.

Wer auch mal zu Fuß unterwegs ist, gewinnt spannende Einblicke in das Reiseziel.

Welches Wohnmobil ist geeignet?

Geeignet ist das Wohnmobil, das eure Erfordernisse und Möglichkeiten hinsichtlich des Budgets oder der gesetzlichen Vorgaben am besten erfüllt. Die erste Entscheidung sollte hier sein: Darf das Wohnmobil bis 3,5 t zulässiges Gesamtgewicht haben, oder kann das Gewicht auch darüber liegen und 4,5 t oder sogar 5,5 t betragen? Und natürlich gibt es auch Mobile mit 7,5 t.

Ein Wohnmobil bis 3,5 t darf man mit dem Führerschein der Klasse B (alte Klasse 3) fahren. Für Mobile bis 7,5 t benötigt ihr den Führerschein der Klasse C1 oder der Klasse 3, wenn euer Führerschein vor 1999 ausgestellt wurde (Stand November 2023). Die Führerscheinrichtlinien werden immer wieder überarbeitet. Wir empfehlen euch daher vor dem Kauf oder vor dem Mieten abzuklären, welches Wohnmobil ihr fahren dürft. Hierfür helfen z. B. Landratsämter oder Automobilclubs (u. A. der ADAC) weiter.

Ein Wohnmobil mit sieben Metern Länge kann unter Idealbedingungen schon ein Gewicht von 2,8 t haben, meist sind die Mobile aber noch schwerer. Bitte schaut genau hin! Dann bleiben noch 700 kg, bis das zulässige Gesamtgewicht von 3,5 t erreicht ist und damit das Gewicht, das mit dem Führerschein der Klasse B gefahren werden darf.

Bei zwei Personen mit Kind und der entsprechenden Zuladung an Kleidung, Geschirr, Lebensmitteln und Zubehör wie Kinderwagen, Spielsachen und Fahrrad ist diese Differenz rasch aufgebraucht. Die Nutzung einer Fahrzeugwaage verschafft Klarheit – diese findet man meist beim TÜV oder bei einem nahegelegenen Schrottplatz oder einer Mülldeponie.

Wenn ihr das mögliche zulässige Gesamtgewicht eures Mobils geklärt habt, geht es im nächsten Schritt um den Grundriss.

Mögliche Grundrisse

Die Grundrisse von Mobilen unterscheiden sich häufig in folgenden Punkten:

Schlafmöglichkeit(en), Bad/WC und/oder Dusche, Küche, Sitzplätze, Stauraum.

Die Länge des Wohnmobils lässt außerdem gewisse Rückschlüsse auf den Komfort und die räumlichen Möglichkeiten zu.

Ein Wohnmobil mit knapp acht Metern Länge wird euch vermutlich ein abgetrenntes Bad/WC bieten, eine eigene Dusche, Küche mit Kühlschrank und Gefrierschrank, ausreichend Stauraum im Mobil und in der Garage sowie mindestens einen großen Schlafplatz für zwei bis drei Personen und entsprechende Sitzmöglichkeiten mit Tisch.

Bei Mobilen deutlich unter acht Metern Länge werden oft zuerst im Bereich Bad/WC und Dusche Abstriche gemacht, indem diese Bereiche zusammengefasst und bei Bedarf umgebaut werden müssen. Möglicherweise kann die Toilette so gedreht werden, dass Platz zum Duschen entsteht. Zudem wird die Küche meist etwas kleiner ausfallen, und das Wohnmobil bietet insgesamt weniger Stauraum in den Schubladen, den Schränken und der Garage.

Mobile mit über acht Metern Länge erweitern häufig das Platzangebot in allen Bereichen, man hat also eine größere Küche, mehr Stauraum, ein geräumigeres Bad und eine abgetrennte und größere Dusche zur Verfügung sowie vielleicht auch eine größere Garage und mehr Sitzmöglichkeiten.

Teilintegriert oder vollintegriert?

Wohnmobile werden auch über die Begriffe »teilintegriert« und »vollintegriert« unterschieden. Bei einem teilintegrierten Wohnmobil habt ihr vorn ein Fahrerhaus, bei dem die Karosserie des Herstellers deutlich beibehalten wurde. Das heißt, ihr sitzt beim Fahren in einem Fiat Ducato, Iveco Daily oder Mercedes Sprinter, um nur drei geläufige Beispiele zu nennen. Der Wohnmobilhersteller individualisiert dann die vom Hersteller gelieferten Transporter und setzt zusätzlich seinen eigenen »Aufbau« auf das Chassis. Aufbau und Fahrerhaus sind, gerade bei neueren Modellen, innen meist nahtlos verbunden, sodass ihr den Übergang kaum spürt. Die Sitze des Fahrerhauses lassen sich häufig drehen und bilden mit vorinstallierten Sitzbereichen des Aufbaus dann eine gemütliche Sitzecke.

Das vollintegrierte Wohnmobil basiert oft ebenso auf einem Chassis von Transporter-Herstellern. Allerdings sind Fahrerhaus und Aufbau mit einer Karosserie des Wohnmobilherstellers deutlicher verbunden und wirken von außen wie eine Einheit. Das ermöglicht den Designern des Innenraums noch stärker, bestimmte Ideen umzusetzen und beispielsweise ein Hubbett über den Sitzen des Fahrerraums zu integrieren oder ein Panoramadach zu verbauen. Lichtdesign und Innenraumdekor sind dann häufig auch im Fahrerbereich stärker an das übrige Design des Mobils angepasst.

Man kann hier gut den Unterschied zwischen vollintegriertem Wohnmobil (oben) und teilintegriertem Wohnmobil (unten) sehen.

In den Mobilen, die wir bisher fahren durften, war der komplette hintere Raum als **Schlafmöglichkeit** ausgebaut. Und zwar jedes Mal in Form von zwei Einzelbetten, die aber mit passgenauen Schaumteilen schnell zu einer großen Liegefläche umgebaut werden konnten. Mit entsprechend gemütlichen Matratzen und Lattenrosten kann dieser Bereich zum absoluten »Cosy Place« werden. Unter dem Schlafraum befand sich die Garage, sodass man erstens im Mobil recht weit oben liegt und eine bessere Aussicht genießen kann. Und zweitens bekommt man an kalten Tagen, wenn die Garage beheizbar ist, auch noch Wärme von unten. So nah unter dem Dach zu liegen ist besonders schön, wenn euer Wohnmobil an dieser Stelle ein Panoramafenster im Dach integriert hat, dann könnt ihr direkt in den Sternenhimmel blicken.

Auf dem Weg nach vorn, in Richtung Fahrerhaus, sind häufig die »Nasszellen« integriert, also **Bad und WC** und vielleicht auch eine separate Dusche. Je nach Bauart und Größe des Mobils lassen sich diese Bereiche vom Schlafbereich nach hinten und dem Wohnbereich nach vorn mit Schiebetüren abtrennen. Das ist insbesondere beim Reisen mit Kind sehr praktisch, und wir freuen uns immer, wenn das möglich ist. Denn dann kann das Kind abends ins Bett gebracht werden, und im Wohnbereich kann man dennoch mit Licht sitzen und sogar noch Kochen oder sich unterhalten, ohne dass der Nachwuchs beim Schlafen gestört wird.

Die **Küche** ist oft auch der Bereich, der direkt an Bad und WC anschließt. Es gibt sehr luxuriöse Ausführungen: Gasherde mit zusätzlichen Induktionsfeldern, große Spülbecken, Schubladen mit sanftem Selbsteinzug, Gewürzschränke, große Kühl- und Gefrierschränke und sogar brauchbare Backöfen. Als Familie fanden wir einen großen Kühlschrank immer extrem hilfreich, um auf Vorrat einkaufen zu können. Und wenn das Gefrierfach mehr als nur ein Eiswürfelfach ist, lassen sich Vorräte und Vorgekochtes einfrieren. Genügend Stauraum für kleine Töpfe und Pfannen, Besteck, Teller und Tassen sowie für ein paar Vorräte sollte in einer gut nutzbaren Küche ebenfalls vorhanden sein.

Modernes Wohnmobilreisen hat unserer Erfahrung nach kaum noch etwas mit dem Klischee vom Gaskocher und der aufgewärmten Dose Ravioli zu tun, stattdessen lässt es sich in den heutigen Mobilen wunderbar kochen und haushalten.

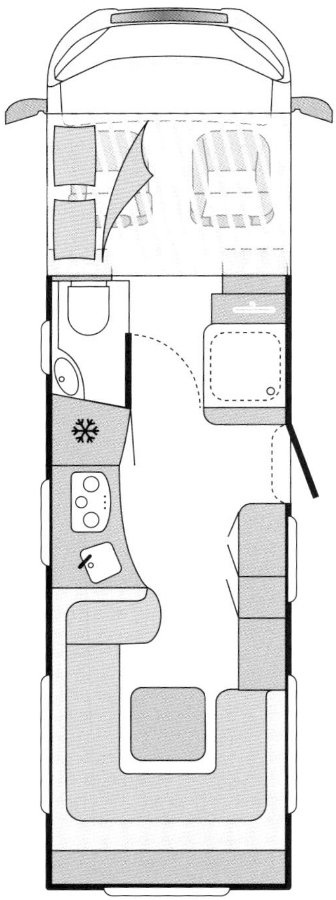

Woher kommt die Energie für den Kühlschrank?

Generell kann die Energie im Wohnmobil aus unterschiedlichen Quellen kommen:

- **12V-Bordnetz, z. B. über Solarstrom:** Dieser wird idealerweise in Akkus eingespeist, die sich meist auch über Rekuperation beim Fahren zusätzlich aufladen oder natürlich über den Landstrom, wenn das Mobil an eine Einspeisesteckdose angeschlossen ist (mit Stromversorgung vom Campingplatz oder Stellplatz).

- **Gas:** Ein entsprechend gebauter Kühlschrank kann tatsächlich mit dem Gas aus den handelsüblichen Campinggasflaschen betrieben werden. Der Gaskreislauf im Mobil wird oft auch für den Herd und den Wärmekreislauf (Boiler) genutzt.

- **Diesel:** Der fürs Fahrzeug getankte Kraftstoff (meist Diesel) kann auch einen dafür vorgesehenen Kühlschrank betreiben, entweder über eine entsprechend im Mobil eingebaute Versorgung oder über einen externen dieselbetriebenen Generator.

- **Strom aus der Steckdose (Landstrom):** Ist das Fahrzeug an eine Einspeisesteckdose angeschlossen, kann der Kühlschrank mit dem eingespeisten Strom betrieben werden.

Hochwertige Kühlschränke lassen dir die Wahl, welche Stromquelle du nutzen möchtest oder schalten sich automatisch auf die jeweils geeignete Stromquelle um. So nutzen sie beispielsweise beim Parken und bei der Fahrt den Gasbetrieb (entsprechende Sicherheitssysteme vorausgesetzt) und beim Anschluss an eine Einspeisesteckdose den Strom von dort.

Links der Grundriss eines Wohnmobils mit Hubbett oder Alkovenbett vorne und großer Sitzecke mit Tisch im Fond.

Rechts gut zu erkennen: der Kühlschrank mit Gefrierfach (oben) und Backofen. Links die geräumige Küche mit Gas- und Induktionsfeld. Im Hintergrund das aufgebaute Hubbett über dem Fahrer- und Beifahrersitz.

Die geräumige Variante eines Essbereichs im vollintegrierten Wohnmobil. Durch die zusätzliche Bank rechts und die drehbaren Sitze finden 5–6 Erwachsene ausreichend Platz.

Eine Variante des Wohnmobils ist das **Alkovenmobil**. Bei einem solchen Wohnmobil ist der Schlafbereich über das Fahrerhaus gebaut und im Innenraum meist über eine kleine Leiter zugänglich. Häufig lässt sich zusätzlich die Sitzgruppe des Innenraums – die dann oft im Heck untergebracht ist – zu einem weiteren Schlafplatz umbauen.

Apropos **Sitzgruppe**: Auch hier sind in den Wohnmobilen unterschiedliche Varianten verbaut. Besonders platzsparend ist meist die Ausführung, bei der um einen Tisch in L-Form Sitzmöbel gruppiert sind und Fahrer- und Beifahrersitz jeweils durch eine 180-Grad-Drehung an den Tisch gedreht werden können. Dadurch hat man recht schnell Sitzmöglichkeiten für 4–6 Personen, und dies selbst in engeren Raumverhältnissen.

Unser Fazit beim Reisen mit Kind(ern)

Am wichtigsten waren für uns bisher immer die Schlafplätze. Idealerweise hat unser Reisemobil zwei getrennte Schlafplätze für insgesamt fünf Personen – je einen im vorderen und einen im hinteren Bereich. Unsere Lieblingsvariante für den vorderen Bereich ist das Hubbett. Das wird im täglichen Gebrauch unter dem Dach »geparkt« und kann bei Bedarf (meist elektrisch) heruntergelassen werden. Dazu ist ein kurzer Umbau nötig, so müssen Fahrer- und Beifahrersitz oft nach vorn umgeklappt werden, damit das Hubbett abgesenkt werden kann. Für kleinere Kinder gibt es einen Rausfallschutz, meist in Form eines Netzes, der angebracht werden kann. Dann hat man ein gemütliches Plätzchen, auf dem ein kleines Kind prima spielen und liegen kann, während die Eltern kochen oder am Tisch sitzen. Das Kind hat die Eltern dabei immer im Blick (und umgekehrt). Dieser Platz ist auch für ein Mittagsschläfchen oder eine Stillmahlzeit ideal, aber auch als Schlafmöglichkeit für größere Kinder in der Nacht, wenn sie bereits selbständig ins Bett hinein- und herausklettern können. Zwei größere Kinder finden meist genug Platz im Hubbett.

Am Abend haben wir unsere mittlerweile dreijährige Tochter von Anfang an, auch als sie erst einige Monate alt war, am liebsten auf dem »eigentlichen« Bett im Fond des Fahrzeugs schlafen gelegt. Das bietet genug Platz, um zu dritt nebeneinander zu schlafen. Auch hier lassen sich schnell Rausfallschutzklappen zum Einsatz bringen (meist mitgeliefert). Manche Bauarten erlauben es auch, den Schlafbereich durch eine eng an die Liegewiese angrenzende Schiebetür abzutrennen. Das Kind kann sicher und geborgen schlafen, während wir Eltern uns für den Abend noch in den Wohnbereich zurückziehen oder das Hubbett

Mit diesem Grundriss reisen wir am liebsten: vorne ein Hubbett als Spielwiese für unsere kleine Tochter tagsüber oder zum Schlafen für die großen Kinder abends. Hinten ein großes Bett für uns Erwachsene und unsere kleine Tochter, das sich schnell zu einer durchgehenden Liegewiese umbauen lässt.

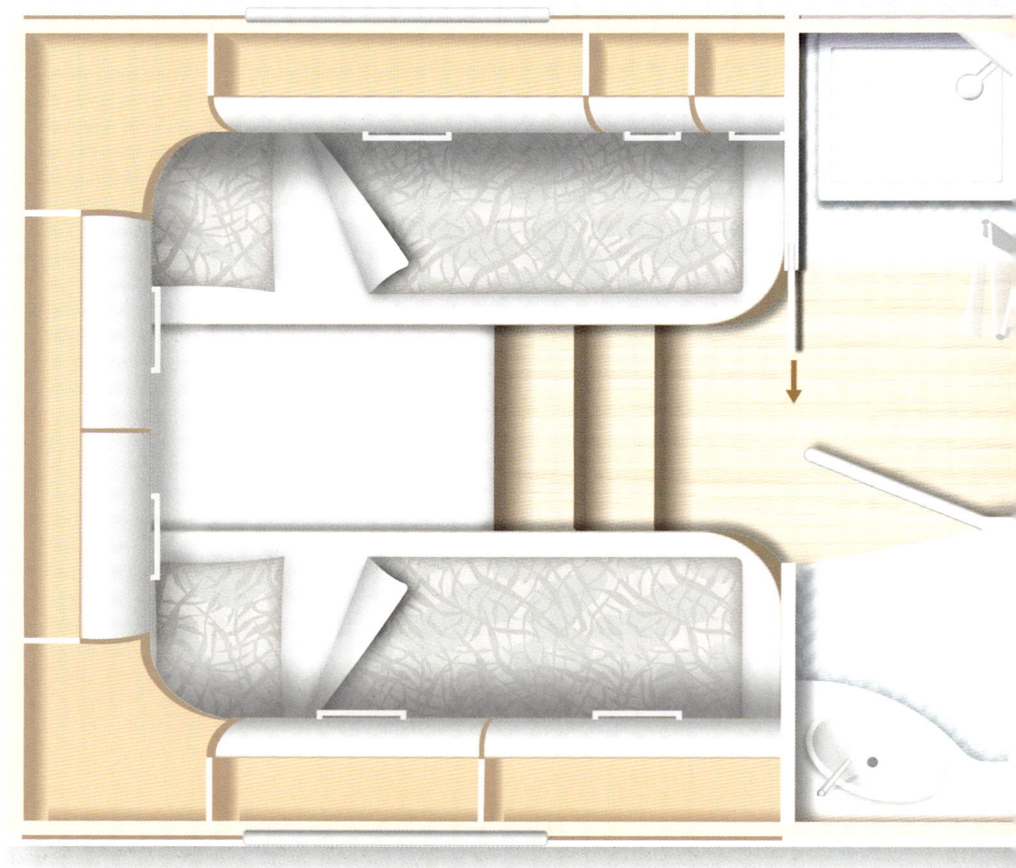

für uns selbst nutzen, zum gemütlichen Lesen oder Kuscheln, bis wir dann selbst im Fond zu Bett gehen.

Hinsichtlich des Schlafbereichs gibt es mittlerweile unzählige Varianten, die alle ihre eigenen Vor- und Nachteile haben. Unser Tipp: Besucht einen Wohnmobilhersteller oder -verkäufer oder geht auf eine Reisemesse (zum Beispiel die CMT), bei der mehrere Hersteller vertreten sind. Dort könnt ihr die meisten Mobile von innen ansehen und bekommt ein gutes Gefühl für die Platzverhältnisse.

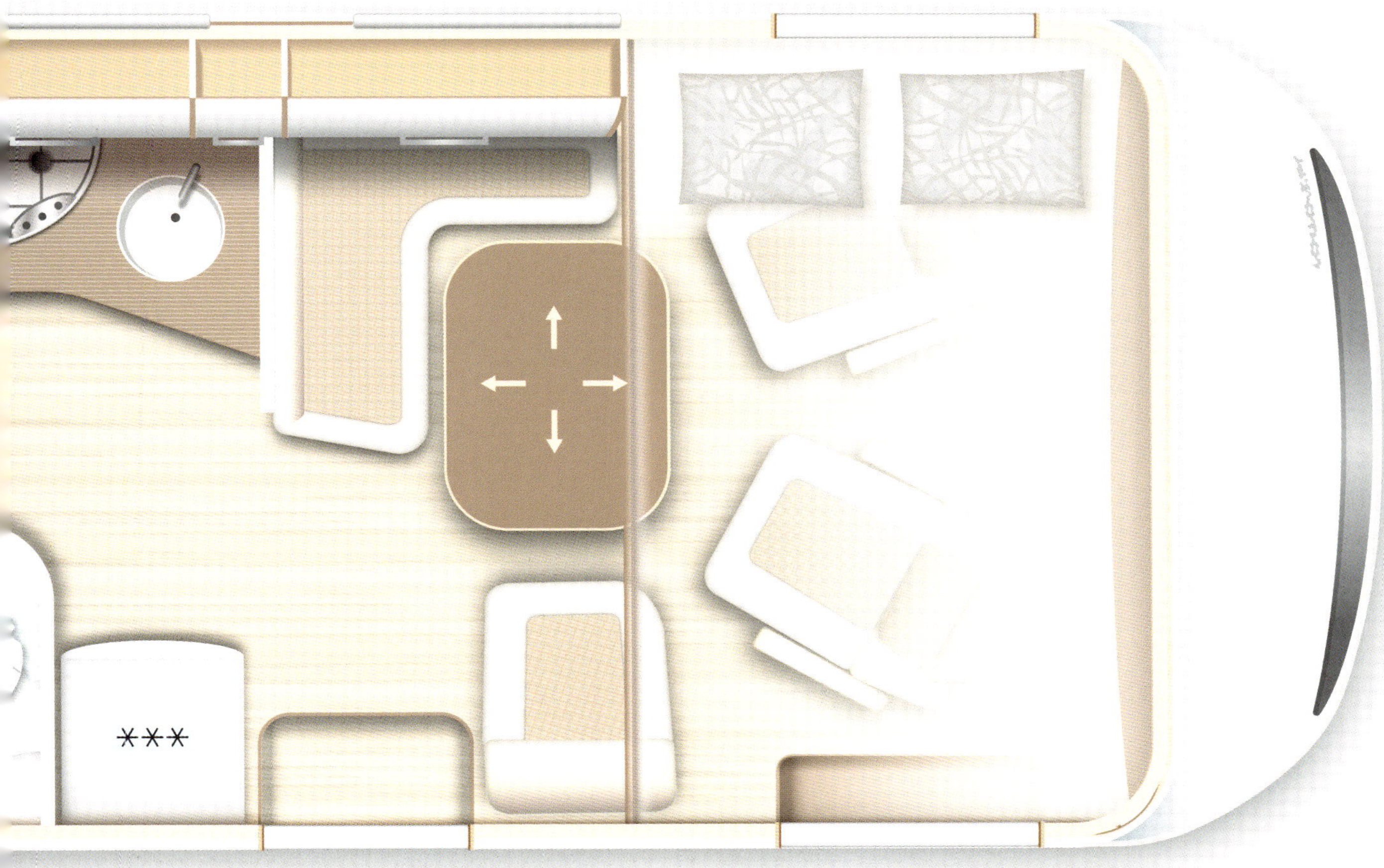

Euer Reisebudget

»Reisen ist das Einzige, was man kauft, das einen reicher macht«

Wichtige Kennzahlen für eure Reisekosten sind: Wohnmobilkosten (Anschaffung bzw. Miete sowie Kraftstoff), eure Reiseroute und die Anzahl an Übernachtungen (siehe Seite 18), ggfs. Stellplatzmieten oder Campingplatzkosten, Gebühren für Maut, Pässe, Brücken oder Fähren, Kosten für Lebensmittel und Ausflüge (z. B. Eintrittskosten in Museen etc.).

Da die **Mietkosten** des Mobils von dessen Größe, Verfügbarkeit und von den Preisvorstellungen der Händler oder Vermieter abhängen, können wir euch nur raten, selbst zu recherchieren und zu vergleichen. Wir haben gute Erfahrungen mit dem Mieten von privaten Fahrzeugen gemacht (z. B. über Yescapa) und dort immer wieder gut gepflegte Mobile zu relativ günstigen Preisen gefunden.

Auch Kraftstoff (meist Diesel) ist in den europäischen Ländern unterschiedlich teuer. Der Verbrauch hängt stark vom Gewicht, der Ausstattung und der Größe des Mobils sowie eurem Fahrstil ab. Aus eigener Erfahrung können wir sagen, dass wir mit unseren Mobilen im Schnitt etwa 9–12 Liter auf 100 km ver-

braucht haben. Ein Alkovenmobil verbraucht bauartbedingt noch mehr Kraftstoff: Ein grober Richtwert sind etwa plus 2 Liter Diesel pro 100 km bei 90 km/h im Vergleich zu einem vollintegrierten Mobil.

Die **Reiseroute** ist wichtig, weil ihr damit die Anzahl der Übernachtungen eingrenzt, die Kosten für Lebensmittel und Kraftstoff sowie zusätzliche Gebühren für Maut oder Fähren kalkulieren könnt. Mautgebühren können von der Größe eures Mobils und dessen Beschaffenheit abhängen (z. B. Anzahl der Achsen, Emissionsklasse). In der Schweiz und in Österreich benötigt ihr eine Vignette (bis 3,5 t zulässiges Gesamtgewicht).

Über 3,5 t zulässiges Gesamtgewicht benötigt ihr in Österreich eine Go-Box – ein kleines Kunststoffkästchen, das ihr von innen an die Windschutzscheibe klebt. Erwerben könnt ihr die Go-Box vorab im Internet (z. B. bei Automobilclubs) oder einfach an den Tankstellen im Grenzgebiet. Die Go-Box kommuniziert dann beim Durchfahren mit den Mautbrücken, die automatisch für die Mautzahlung sorgen.

In der Schweiz müsst ihr mit einem Wohnmobil, dessen Gewicht über dem zulässigen Gesamtgewicht von 3,5 t liegt, an der Grenze eine Schwerlastabgabe (PSVA) entrichten. Je nach Grenzübergang und Tageszeit müsst ihr hierfür mehr oder weniger Zeit einplanen. In der Regel stoppt ihr dafür am Grenzübergang mit dem Wohnmobil auf dem Lkw-Haltestreifen am Zollhäuschen und erklärt den Beamten, mit welchem Wohnmobil ihr reist (Fahrzeugschein mitnehmen). Dann füllt ihr ein Formular aus, bezahlt die Gebühr und erhaltet einen Durchschlag. Diesen bewahrt ihr sicher auf, damit ihr ihn bei Kontrollen vorzeigen könnt. Aktuell (2023) beträgt die Mindesthöhe dieser Abgabe 25 CHF.

Achtung! Kleinere Grenzübergänge sind in der Schweiz nicht täglich oder auch überhaupt nicht besetzt. Ohne die Abgabe zu bezahlen, dürft ihr aber nicht einreisen. Abhilfe schafft die App »Via« – das ist die offizielle App des Schweizer Bundesamts für Zoll und Grenzsicherheit. In der App könnt ihr die Abgabe auch entrichten. Unser Tipp ist, euren **Grenzübertritt gut im Voraus zu planen**, denn nicht überall habt ihr im alpinen Grenzgebiet auch Mobilfunkempfang um die App herunterzuladen oder die Zahlung durchzuführen. Noch dazu berechnen etliche deutsche Mobilfunkanbieter teure Roaming-Gebühren für die Schweiz.

Die Kosten **für einen Stellplatz/Übernachtungsplatz** variieren, je nach Lage, Komfort und Anbieter. So oft es geht versuchen wir auf einer Reise, an öffentlichen Orten zu übernachten. Das kann am Waldrand sein, an einem Waldparkplatz, auf einem Parkplatz in Stadtnähe und dergleichen. Bei der Suche nach solchen Stellen hilft uns immer wieder die App »park4night«, wie auf Seite 30 beschrieben. Kleinere Dörfer in Frankreich oder Portugal bieten häufig Plätze an, auf denen man etwas außerhalb in Ruhe ein oder zwei Nächte stehen kann. In Österreich, der Schweiz oder in Italien sind solche Möglichkeiten etwas schwerer zu finden (aber es gibt sie auch dort). Manches Mal bietet ein Bauernhof eine schöne Möglichkeit, für ein, zwei Nächte zu stehen. Das kann günstiger sein als ein Campingplatz. In der allergrößten Not tut es auch der Straßenrand oder ein Parkplatz in der Nähe einer größeren Straße, wobei solche Nächte eher unruhig verlaufen, aufgrund von Verkehrslärm oder Passanten.

Wir befolgen immer ein paar Regeln, wenn wir »frei«stehen, also an Orten übernachten, die nicht unbedingt dafür vorgesehen sind:

- Wir prüfen zunächst die Kommentare in der App »park4night« zu einem Ort oder recherchieren im Netz nach sicherheitsrelevanten Aspekten.
- Wenn wir ankommen, prüfen wir die Umgebung. Haben wir ein gutes Gefühl? Wie ist der Untergrund? Wie könnte sich der Untergrund verändern, wenn es stark regnet (z. B. Schlammbildung). Behindern wir jemanden, der vielleicht am Morgen an unserem Platz durchfahren möchte? Sind Tiere in der Nähe, die wir stören könnten? Sind Lärmquellen in der Nähe, die uns früh wecken könnten?
- Stehen wir eben? Das ist wichtig, weil wir zum Übernachten **nicht auf Keile** fahren, wenn wir frei stehen und so das Fahrzeug nicht nivellieren können. Ein stehendes Wohnmobil ohne Keile wird häufig noch als parkend angesehen und toleriert. Sobald wir aber auf Keile fahren, signalisieren wir eine unerlaubte Sondernutzung des öffentlichen Verkehrsraums, was schon mal zu ungewollten Konfrontationen mit Anwohnern oder der Polizei führen kann, die wir selbstverständlich vermeiden möchten.
- Wir stellen keine Campingmöbel raus und lassen die Markise drin.
- **Das Wichtigste:** Wir nehmen unseren Müll mit, gehen auf unsere eigene Toilette und hinterlassen keine unerwünschten Spuren.

Warum man das Wohnmobil beim Abstellen eben ausrichten (nivellieren) sollte

Sobald wir das Wohnmobil abstellen und nicht nur parken, sondern uns auch darin bewegen oder schlafen möchten, richten wir es so gut es geht eben aus. Das ist aus verschiedenen Gründen sinnvoll. Es schläft sich weitaus angenehmer auf einem ebenen Untergrund als auf einer leichten Schräge. Schon wenige Grad Neigung reichen aus, um unangenehm zu sein. Zudem riskiert man, dass zum Beispiel das Kind nachts durch die Neigung aus dem Bett kullert. Auch das Kochen und Abspülen macht in der Neigung keinen Spaß und ist manchmal sogar nur schwer möglich. Spülwasser sammelt sich im Becken dort, wo der Abfluss gerade nicht ist. Teller rutschen einem aus den Schubladen oder Schränken entgegen – die wir nach dem Fahren ohnehin nur sehr vorsichtig öffnen.

Es gibt Wohnmobile, die hydraulische Stützen unter dem Fahrzeug verbaut haben, welche bei Bedarf automatisch ausfahren und das Mobil eigenständig nivellieren. Ist dieser Luxus nicht verfügbar, muss man das Mobil selbst ausrichten, indem man z. B. mit den Vorderrädern auf Keile fährt. Bei einer Seitenneigung kann z. B. ein Keil jeweils unter dem Vorder- und Hinterrad derselben Fahrzeugseite Abhilfe schaffen, den man vorsichtig befährt, bis das Mobil ausreichend angehoben wurde. In manchen Ländern haben wir auch schon gesehen, dass ein Besitzer sein Mobil mit einem Rad auf einen herumliegenden, flachen Stein fuhr, um es gerade auszurichten. Manchmal kann das geschickte Befahren des Untergrunds das Mobil nivellieren. Meist bieten aber Auffahrkeile die beste und sicherste Methode dafür. Übrigens: Es gibt auch Bremskeile, die das Fahrzeug bei Neigungen vor dem Wegrollen schützen. Bei Wohnmobilen über 3,5 t ist das Mitführen geeigneter Bremskeile Pflicht.

Selbstverständlich möchten wir euch nicht dazu anregen, etwas Unerlaubtes zu tun oder euch Gefahren auszusetzen. In jedem Land gibt es zum Thema »Freistehen« eigene Gesetze und Toleranzen, die ihr vorher recherchieren solltet. In Portugal haben wir zum Beispiel hin und wieder auf einem der Parkplätze in Strandnähe übernachtet, die eigentlich nur für Pkws erlaubt sind. Das geht besser abseits der Ballungsräume und in den Wintermonaten, wenn die Plätze ohnehin nicht gut besucht sind und wenn man sich als Camper entsprechend unauffällig verhält sowie niemanden belästigt. Dennoch besteht ein gewisses Risiko, mitten in der Nacht von der örtlichen Polizei geweckt zu werden, den Platz verlassen zu müssen oder sogar eine teils recht hohe Strafe bezahlen zu müssen.

Durch unangemessenes Verhalten vieler Camper in den letzten Jahren, die ihren Müll oder Fäkalien hinterließen und sich auch sonst wenig umsichtig verhalten haben, wurden die Gesetze strenger und die Möglichkeiten zum Freistehen weiter eingeschränkt. Im Zweifel fahrt ihr besser einen Stellplatz an, bei dem die Übernachtung erlaubt ist.

Die Kosten für gebührenpflichtige Plätze variieren und reichen von ein paar Euro, die sogar Entsorgung, Wasser und Strom beinhalten, bis zu 70 Euro (in Südtirol) und mehr für einen Campingplatz pro

Unser Tipp

Seit einigen Jahren gibt es in vielen Ländern Europas sogenannte Einladungsprogramme, zum Beispiel in Frankreich (France Passion), in Deutschland (Landvergnügen), in Österreich (Genuss-Stellplatz), Italien (Green Stop), Spanien (España Discovery), in der Schweiz (Swiss Terroir), in Dänemark (Pintrip) und Schweden (SwedeStop). Hierbei kauft ihr für 30–40 Euro eine Plakette und einen Stellplatzführer. Dafür dürft ihr bei den dort gelisteten Gastgebern ein Jahr lang für eine Nacht stehen. Die Stellplätze sind meist auf Bauernhöfen, Weingütern, Gasthöfen oder Fischereien untergebracht. Ein weiteres Programm ist die ACSI-Card. Sie gilt nur in der Nebensaison und ist eine Rabattkarte mit sechs Festtarifen von 13–23 Euro in ganz Europa. Die Übernachtung gilt grundsätzlich für zwei Personen, Strom, Dusche und Hund (falls erlaubt). Den ACSI-Campingführer gibt es im Buchhandel und fast jedem Campingladen.

Mobil und Nacht. Auf Campingplätzen steht ihr dafür meist sicher und habt diverse Annehmlichkeiten wie Duschen und Toiletten. Für Kinder gibt es oft Spielplätze, und ihr kommt mit anderen Familien in Kontakt.

Wir achten beim Reisen mit unseren Kindern besonders darauf, dass unsere Übernachtungsplätze für sie geeignet sind. Folgende Kriterien spielen für uns eine Rolle:

- Gibt es einen Schattenplatz (im Sommer)? Ein Wohnmobil kann sich an heißen Sommertagen ganz schön aufheizen. Ein Schattenplatz, vor allem für die Mittagshitze, ist daher immer unser Ziel. Gerade mit kleinen Kindern, die vielleicht auch noch Mittagsschlaf machen, sind uns Schattenplätze besonders wichtig.
- Ist ein Spielplatz in der Nähe, oder gibt es Bereiche, die sich zum Toben eignen?
- Sind gefährliche (und laute) Straßen in der Umgebung?
- Gibt es ungesicherte Abhänge, Stufen oder Felsen und Klippen?
- Gibt es Möglichkeiten für Freizeitaktivitäten, Wandern, Radfahren oder Schwimmen?
- Sind Busverbindungen in der Nähe, für Ausflüge ins Umland oder zum Bummeln im Stadtzentrum?

Wenn ihr einen gemütlichen Ort gefunden habt und sicher steht, ist fast alles angenehmer.

»Eine kleine Reise ist genug, uns und die Welt in uns zu erneuern.«

Die Reise be ginnt

Beladen des Mobils

Ihr habt euer Reiseziel und eure Route festgelegt, das Wohnmobil steht vor der Tür, und ihr seid bereit, es zu beladen. Hurra – es geht los!

Nach den ersten stressigen Erlebnissen haben wir uns vorgenommen: Abreisetag ist Urlaubstag! Das gilt schon fürs Packen und Beladen. Das Ziel, alles so schnell wie möglich zu erledigen, um loszukönnen und »Urlaub« zu haben, haben wir abgelegt. Wir machen alles ganz entspannt – wenn's länger dauert, na und? Wir wollen schließlich mit bester Laune losfahren. Deshalb versuchen wir auch, für die erste Fahrt keine Verpflichtung einzuplanen. Kein Zeitfenster für einen Campingplatzzutritt oder einen Fähranleger, wenn es irgendwie möglich ist.

So vergehen mit dem Beladen des Mobils und dem Putzen der Wohnung einige Stunden. Unsere kleine Tochter ist idealerweise bei der Oma untergebracht und kommt dann auf den letzten Abschnitten zum Mithelfen dazu. So können wir in Ruhe das Geschirr und die Vorräte ins Wohnmobil einräumen, die Schränke mit unserer Kleidung füllen und das ganze Zubehör in die Garage packen. Wenn wir länger unterwegs sind, tauen wir unseren Kühl- und Gefrierschrank zu Hause ab und laden die Lebensmittel in den Kühl- und Gefrierschrank des Mobils (diesen am besten schon einige Stunden vorher anschalten). Schon Tage vorher haben wir zu Hause Vorräte aufgebraucht, damit sie nicht weggeworfen werden müssen.

Offene Müslis und dergleichen füllen wir in Vorratsdosen um und verstauen sie im Mobil. Nudeln, Reis und diverse Lebensmittel in Dosen kommen in die Küchenschränke im Mobil, weil sie die Basis für schnelle Gerichte bilden. Ach ja: und die Gewürze nicht vergessen. Essig und Öl füllen wir in kleinere Flaschen ab.

Damit ihr nichts Wichtiges vergesst, kommen hier unsere Packlisten und Checklisten für die Abfahrt.

Packliste für Erwachsene

Allgemeines

- Wohnmobil-Dokumente (Versicherung, Zulassung etc.)
- Führerschein, Fahrzeugpapiere und Ausweise
- Bargeld, Kreditkarten, EC-Karten
- Krankenversicherungskarten
- Versicherungsschein der Auslandskrankenversicherung mit Hotline
- Impfpässe
- U-Heft Kind/Mutterpass bei Reisen mit Säugling
- Pannenschutzbrief mit Hotline
- Mobiltelefon und Ladegerät
- Notfallkontakte und wichtige Telefonnummern
- Notizen mit medizinischen Informationen
- Kleingeld, vor allem Euromünzen für Wasser, Entsorgung und Strom an Stellplätzen

Kleidung und persönliche Gegenstände

- bequeme Reisekleidung
- Jacken für kühlere Abende
- Unterwäsche und Socken
- Schlafanzug und Hausschuhe
- Badekleidung und Handtücher
- Sonnenbrille und Sonnencreme
- Regenkleidung, Wanderausrüstung
- Activewear, Funktionskleidung
- Rucksack für Wanderungen
- Verschiedene Schuhe (für Stadt, Wanderung, Schwimmbad etc.)

Küchenausstattung

- kleine Töpfe und Pfannen, ein großer Topf
- Geschirr, Besteck, Gläser, Tassen
- flache Teller und Suppenteller
- Müslischalen
- Salatschüssel und -besteck
- Kochutensilien (Kochlöffel, Pfannenwender, Schöpfkelle etc.)
- Nudelsieb
- Küchenrolle
- Holzschneidebrett
- Kaffeemaschine oder Wasserkocher
- Lebensmittelvorräte und Grundgewürze
- Essig und Öl
- verschiedene Tees
- Mülltüten und Reinigungsmittel
- Thermoskanne für heiße Getränke
- Vorratsbehälter
- Spülmittel
- Spülbürste, Schwamm und Lappen
- Geschirrtücher
- Vorräte wie Nudeln, Reis, Bulgur, Haferflocken, Müsli, Knäckebrot und Konserven
- scharfe Messer, Brotmesser, Schere, Kartoffelschäler

Schlaf- und Hygieneausstattung

- Bettwäsche und Kissen
- leicht zersetzbares Toilettenpapier und Feuchttücher
- Handtücher und Waschlappen
- Handseife
- Zahnbürste, Zahnpasta und andere Persönliche Pflegeprodukte

- Haarbürste
- Rasierapparat
- Wattestäbchen
- Nagelset
- Fön (falls benötigt)
- Moskitonetz
- Wärmflaschen
- Ohropax
- Hygieneartikel wie Tampons, Binden etc.
- Wäscheleine oder klappbarer Wäschetrockner

Camping- und Outdoor-Ausrüstung

- Campingstühle und Tisch
- Grill oder Campingkocher
- Taschenlampe oder Stirnlampe
- Campinggeschirr und -besteck
- Lichterketten für Gemütlichkeit
- Kerzen und ggf. Fackeln

Unterhaltung und Elektronik

- Kamera und Zubehör
- Bücher, Stifte, Spiele oder Reiseunterhaltung
- Tagebuch/Notizbuch
- Laptop oder Tablet mit Ladegerät
- ggf. mobiler W-Lan-Router

Fahrzeugwartung und Notfallausrüstung

- Ersatzreifen und Werkzeug für Reifenwechsel
- Werkzeugset
- Starterhilfekabel
- die wichtigsten Sicherungen und Glühbirnen
- Warnwesten und Warndreieck
- Kabeltrommel für die Stromanschlüsse auf Camping- und Stellplätzen: max. 25 m Länge mit Spritzwasserschutz (IP44), Gummischlauchleitung H07RN-F und Kabelquerschnitt von mindestens 2,5 mm^2
- die passenden Verbindungskabel zu den Stromanschlüssen (mit blauen CEE-Steckern)
- ggfs. CEE-Adapter für die Schweiz oder für England
- Gartenschlauch mit Gardena-Kupplung A1 in unterschiedlichen Durchmessern (1/2 Zoll, 3/4 Zoll und 3/8 Zoll), zum Befüllen des Wassertanks. Wir empfehlen euch den platzsparenden Rollfix-Flachschlauch von Gardena mit 15 m Länge inkl. Spritze
- Gießkanne 10 l oder mehr – super zum Befüllen des Frischwassertanks an einem Trinkwasserbrunnen
- ein oder zwei Eimer für das Entsorgen des Abwassers. Bei längerem Aufenthalt muss man so nicht jedes Mal das ganze Mobil bewegen. Unbenutzt dienen sie als »Staueimer« für Kleinteile in der Heckgarage oder zum Spielen

Packliste für dein Baby/Kleinkind

Schlafen und Ruhe

- Babyschlafsack oder Decken
- Baby- oder Kinderreisebettwäsche
- Kuscheltiere und ggf. Schnuller
- Tragbarer Baby-Monitor
- Baby-Decken für kühlere Nächte
- Kinderwagen oder Reisebuggy
- Babytragetuch oder -trage
- Spieluhr
- Babywärmflasche
- Babyhängematte

Essen und Trinken

- Babyflaschen und Schnabeltassen
- Babygeschirr und Lätzchen
- Babynahrung und Snacks/Milchpulver
- Tragbarer Hochstuhl oder Sitzerhöhung
- Hocker zum Draufstehen
- ggfs. Toilettenringverkleinerung

Kleidung und Hygiene

- Babykleidung für verschiedene Wetterbedingungen, Matschhose, Regenstiefel
- Windeln und Feuchttücher
- Wickelunterlagen
- Baby-Shampoo und -Waschlotion
- Babybürste und Kamm
- Babynagelschere
- Desinfektionstücher für Hände und Flächen
- Sonnencreme für empfindliche Haut
- Babywanne

Unterhaltung und Spielsachen

- Bücher für Babys und Kleinkinder
- Lieblingsspielzeug und Kuscheltiere
- Tragbare Spielmatte oder -teppich
- Hörbücher und Hörspiele
- Malbücher und Holzstifte
- Reisespiele und Puzzles für ältere Kleinkinder
- Laufrad
- Schwimmhilfe

Fahrzeugsicherheit und Reiseausrüstung

- Kindersitz oder Babyschale (vorher abklären, ob Isofix möglich ist)
- Nachtlicht für das Wohnmobil
- Kinder-Rucksack oder Tragegurt
- Kinderwagen-Adapter für den Autokindersitz

REISEAPOTHEKE

- Persönlich benötigte Medikamente
- Pflaster und Blasenpflaster, wasserfest
- Verbandsmaterial und Klebeband
- Wund-Desinfektionsspray
- Pinzette, ggfs. Zeckenzange
- Schere
- Einmalhandschuhe
- Sonnenschutzmittel und Aftersun-Creme
- Insektenschutzmittel und Gel zur Linderung von Stichen
- Schmerzmittel
- Fieberthermometer
- Allergiemedikamente
- Elektrolyte (z. B. Elotrans)
- Grundausstattung an homöopathischen Globuli (Empfehlung: DHU-Taschenapotheke oder DHU-Homöopathieset für Kinder)
- Arnikasalbe bei Verstauchung, Prellung, Sportverletzungen
- Kochsalzlösung
- Baby-Erste-Hilfe-Set

Strom

Über die Außensteckdose eures Wohnmobils könnt ihr auf Campingplätzen und an vielen Wohnmobil-Stellplätzen Strom in euer Wohnmobil legen. Dazu müsst ihr den weiblichen CEE-Stecker am Wohnmobil und den männlichen Stecker an der Steckdose des Platzes einstecken. Ihr könnt auch eine Kabeltrommel dazwischen anschließen, wenn die Dose des Platzes zu weit entfernt ist. Die Abrechnung des Stroms erfolgt unterschiedlich, mal pauschal, mal nach verbrauchten kWh bspw. über Vorabbezahlung und Münzeinwurf.

Auf Campingplätzen in Deutschland sind die Steckdosen mit 10 bis 16 Ampere (A) abgesichert, auf kleinen Plätzen in Südeuropa mal auch nur mit 3 Ampere. Das ist insbesondere dann unangenehm, wenn man nachts niemanden erreichen kann, der die ausgelöste Sicherung wieder einschaltet. Man sollte also erst ein wenig rechnen, bevor man im Wohnmobil den Wasserkocher und den Fön gleichzeitig bedient. Der abgesicherte Strom lässt sich mit der einfachen Formel grob überschlagen: Watt durch Volt gleich Ampere. Bei mit 16 A abgesicherten Stromsäulen ergibt sich eine Belastbarkeit bis 3.680 Watt, mit einer 10-A-Sicherung reicht es dagegen nur für 2.300 Watt. Dabei darf man nicht vergessen, dass im Wohnmobil bereits Verbraucher am Netz hängen können, wie z. B. die Heizung oder der Kühlschrank. Im Zweifel hilft ein Blick in die Bedienungsanleitung der Geräte sowie in die Hausordnung des Platzes. Leistungsstarke Verbraucher zudem immer erst in der niedrigsten Leistungsstufe einschalten.

Für die Kabel im Außenbereich gilt: Steckverbindungen, besonders bei Regen oder Regengefahr, nicht auf dem Boden liegen lassen. Kabel so verlegen, dass sie keine Stolperfalle darstellen. Kabeltrommeln und Verlängerungskabel komplett abrollen.

Diese Listen sind natürlich nicht abschließend und können je nach persönlichen Vorlieben, Reisezielen, Jahreszeiten und der Dauer der Reise angepasst werden. Es ist wichtig, dass ihr genügend Vorräte für die Reise einplant und auch Platz für Souvenirs und Einkäufe lasst. Denkt daran, dass Babys und Kleinkinder oft mehr Aufmerksamkeit und Pflege benötigen, also seid gut vorbereitet, um die Reise so angenehm wie möglich für die Kleinen zu gestalten.

Wichtig für das Beladen: Überprüft das **Leergewicht** eures Fahrzeugs (im Feld G des Fahrzeugscheins). Dabei sind die gefüllten Tanks für Kraftstoff (zu 90 % gefüllt) und Frischwasser, die Gasflaschen und Zubehör wie Bordwerkzeug, Reserverad und Verbandskasten, ein Fahrer mit einem Gewicht von 75 Kilo und bei der Zulassung verbautes Zubehör wie Klimaanlage oder Fahrradträger schon eingerechnet.

Das **zulässige Gesamtgewicht** eures Fahrzeugs steht in Feld F.1, die Differenz ergibt eure Zuladung. Wurde nach der Erstzulassung weiteres Zubehör eingebaut, zum Beispiel eine Markise, zählt diese auch zur Zuladung. Wir empfehlen euch, das Mobil nicht zu überladen. Zunächst natürlich aus Sicherheitsgründen, aber auch aus Gründen der Haftung (möglicher Ausschluss der Kfz-Versicherung bei Überladung!) und der Vermeidung von Bußgeldern bei Kontrollen im In- und Ausland.

Checkliste für die Abfahrt

Bevor wir losfahren und die Reise beginnt, prüfen wir, ob im Fahrzeug alles passt:

- Sind Reifendruck und sämtliche Füllstände in Ordnung?
- Ist alles im und am Mobil und in der Garage sicher verstaut? Sind die Schubladen und Schränke geschlossen und verriegelt? Ebenso alle Türen? Das klingt banal, ist aber wichtig, damit in einer Kurve nicht der Inhalt der Besteckschublade und dergleichen durch das Wohnmobil fliegt.
- Sind die Gasflaschen verriegelt (außer man hat entsprechende Sicherheitssysteme verbaut)?
- Ist ggfs. die Satellitenantenne eingefahren?
- Ist die Markise eingefahren und eingerastet?
- Haben wir unsere Keile oder Bremsklötze verstaut?
- Ist die ggfs. vorhandene Treppenstufe eingefahren?
- Sind alle Fenster geschlossen, auch Dachfenster?
- Ist der Wechselrichter ausgeschaltet?
- Sind »Strom« und »Wasser« ausgeschaltet?
- Ist der Schieber an der Toilettenkassette geschlossen? Den machen wir immer direkt wieder zu, aber eine Kontrolle schadet dennoch nicht.
- Ist der Kindersitz wieder richtig montiert (zum Beispiel nach einem Umbau) und das Kind angeschnallt?
- Haben wir alle notwendigen Papiere und Unterlagen griffbereit?
- Ist der Fußraum im Fahrerbereich und drumherum frei? Damit nicht zum Beispiel Spielzeug unter die Pedale rollt.
- Ist ggf. der Kühlschrank auf eine andere Versorgungsart umgeschaltet, falls das nicht automatisch erfolgt?

Jetzt kann es losgehen! Auf der allerersten Fahrt von zu Hause aus fahren wir nicht zu weit und ohne Zeitdruck. Nach etwa 2–3 Stunden fahren wir meist einen Übernachtungsplatz noch bei Tageslicht an. So können wir uns alle langsam an das Mobil und an das Reisen darin gewöhnen. Am ersten Morgen dann im Wohnmobil aufzuwachen, mit einer Tasse frischem Kaffee in der Hand und mit dem Wissen, dass nun unsere Reise beginnt, ist für uns immer ein sehr besonderes und aufregendes Gefühl.

Unser liebster Arbeitsplatz:
inmitten der Natur mit unserem Mobil

»Fahre in die Welt hinaus. Sie ist fantastischer als jeder Traum.«

Wann sind wir da?

Den Innenraum kindgerecht gestalten

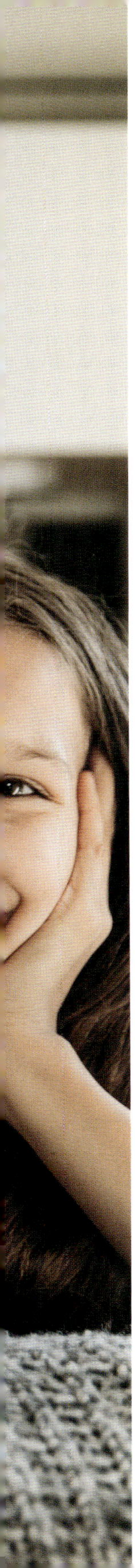

Wir sind mit unserer kleinen Tochter schon im Wohnmobil gereist, als sie nur wenige Monate alt war. Sie mochte diese Art des Reisens sehr, denn sie hatte uns immer um sich und in ihrem Sichtfeld. Auf dem Hubbett konnte sie uns in der Küche beim Kochen beobachten, und wenn sie Hunger hatte, machten wir eine Still-Pause und nutzten die anschließende Schlafzeit zum Weiterfahren.

Die Freude am gemeinsamen Reisen beginnt damit, auch den Weg und den Rhythmus der Reise kindgerecht zu gestalten. Bei einem Baby und Kleinkind bedeutet das zum Beispiel, keine längeren Fahrten am Stück zu planen. Städtetouren oder generell Orte mit vielen visuellen Eindrücken sind für kleine Kinder schnell überfordernd. Als junge Eltern mussten wir erst lernen, die Bedürfnisse des kleinen Kindes in unserem Reisealltag voranzustellen. Nicht zuletzt auch im eigenen Interesse, wollten wir schlaflose Nächte oder heulende und quengelnde Situationen mit überfordertem Kleinkind vermeiden. Wir erinnern uns gut an den einen Moment in der wunderschönen Stadt Sevilla, als unsere Tochter plötzlich nicht mehr weitergehen oder getragen werden wollte und sich mitten auf der Straße auf den Boden legte. Ihre Art, uns zu sagen »Es ist mir zu viel.«

Mittlerweile wissen wir, dass es uns auch gut tut, nicht mehr möglichst viel in einem einzelnen Reisetag unterzubringen, nicht mehr als ein Highlight zu planen, sondern lieber die kleinen Momente und Auszeiten zu genießen. Dann haben wir eben nicht jede Sehenswürdigkeit einer Stadt gesehen, sondern hauptsächlich den einen tollen Kinderspielplatz. Dafür haben wir dort aber nette Eltern kennengelernt und Tipps für die Umgebung aus erster Hand erhalten.

Anbringung des Rausfallschutzes am Hubbett, der allerdings zum Schlafen eher für ältere Kinder geeignet ist.

Mit der richtigen Babyschale oder dem geeigneten Sitz für Größe und Gewicht des Kindes ausgerüstet zu sein versteht sich von selbst. Im Idealfall ist der Sitzplatz neben dem Kind ebenfalls frei und mit einem Sicherheitsgurt ausgestattet. So kann im Bedarfsfall immer ein Erwachsener neben dem Kind sitzen und es bis zur nächsten Pause trösten oder mit ihm spielen sowie mit Trinken und Snacks versorgen. Und hat das Kind ausreichend Sonnenschutz bei der Fahrt? Das ist gerade bei großen Fenstern und dem Reisen in südlichen Ländern wichtig, zumal die Ausstellfenster während der Fahrt geschlossen bleiben sollten.

Ist das Kind schon etwas mobiler, kann es krabbeln, sich hochziehen oder sogar schon laufen, müssen im Innenraum nochmals mehr Maßnahmen bedacht werden. Ist die Eingangstüre geschlossen und ggfs. verriegelt, sodass das Kind nicht aus dem Wohnmobil fallen kann? Befinden sich potenziell gefährliche Gegenstände in seiner Greifnähe? Dazu gehören auch die Schubladen- und Schrankinhalte, wie zum Beispiel Putzmittel oder Medikamente. Sind die Steckdosen kindersicher? Kann das Kind bestimmte Elektronikbauteile erreichen? Ist es beim Schlafen gegen das Herausfallen geschützt? Entsprechende Vorrichtungen liefern die Hersteller meist mit, denn ein Absturzschutz ist laut Norm DIN EN 1646-1 für jedes Bett notwendig, das mehr als ein Meter Höhe aufweist. Wir würden unsere Dreijährige dennoch nicht allein und unbeaufsichtigt im Hubbett schlafen lassen, denn falls sie nachts zu uns möchte, ist sie noch nicht sicher genug darin, selbstständig herauszuklettern.

Gibt es gefährliche Kanten, die ihr abkleben oder sichern könnt? Zudem achten wir darauf, dass in den oberen Schränken, die das Kind selbstständig öffnen kann, keine schweren oder scharfkantigen Gegenstände untergebracht sind, die ihm auf den Kopf fallen könnten.

Die Grill- und Kochplatten bitte nicht unbeaufsichtigt lassen. Heiße Töpfe und heißen Inhalt immer außer Reichweite des Kindes abstellen. Das klingt banal, ist aber gerade im Wohnmobil wichtig, weil es dort enger zugehen kann als in der Küche daheim.

Und zu guter Letzt: Wir lassen unser kleines Kind auch nie allein im Wohnmobil schlafen oder spielen, es ist immer ein Erwachsener in Reichweite.

Unser Tipp

Kleine Kinder lieben es, Schubladen ein- und auszuräumen. Wir haben deshalb für unsere kleine Tochter immer eine der Schubladen in Bodennähe mit leeren Vorratsdosen gefüllt. Sie konnte sich Stunden damit beschäftigen, diese Schublade ein- und auszuräumen und die Dosen mit ihren Deckeln zu kombinieren oder einen Gegenstand darin herumkullern zu lassen. Und wir konnten in der Zwischenzeit »in Ruhe« kochen und den Tisch decken. Später, als sie bereits laufen konnte, hatten wir einen kleinen Hocker in der Küche, damit sie die Arbeitsfläche erreichen und mithelfen kann. Mit ihren 3 Jahren liebt sie es, z. B. den Tisch zu decken. Mit Campinggeschirr oder Emaille-Bechern kann nichts zu Bruch gehen und sich niemand verletzen.

Wissenswertes beim Reisen mit Baby

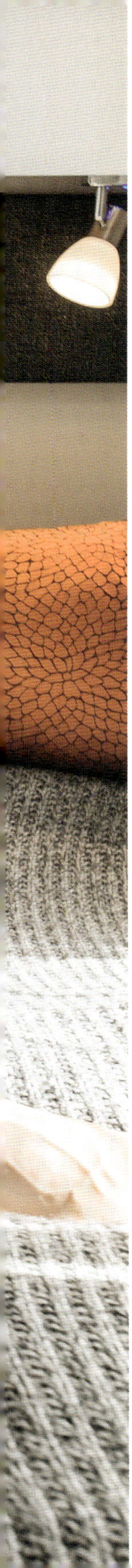

Ein großer Vorteil vom Reisen im Wohnmobil: Ihr könnt euren Tagesablauf selbst bestimmen und ihn problemlos an den Bedürfnissen des Kindes ausrichten. Es gibt keine festen Zeiten fürs Aufstehen und Zubettgehen, für Frühstück, Mittag und Abendessen, für Ausflüge oder Transfers – nur ihr und euer Kind bestimmen den Rhythmus.

Es liegt in eurem Ermessen, ab welchem Alter ihr mit eurem Baby reisen möchtet. Euer Baby braucht am Anfang noch nicht viel, eure Nähe und seine Routinen und Mahlzeiten sind ihm genug. Wenn ihr als Familie schon etwas eingespielt seid, das Wochenbett vorbei ist und sich Abläufe eingespielt haben, dann könnt ihr euch auch das gemeinsame Reisen zutrauen. Wir waren mit unserer Tochter bereits unterwegs, als sie nur drei Monate alt war, und wir haben das gemeinsame Reisen sehr genossen. Was es hierbei für euch vor allem zu beachten gibt, sind die kürzeren Fahrzeiten, damit das Baby nicht so lange in der Babyschale liegt. Auch Fahrtunterbrechungen gehören dazu, wenn das Baby weint, weil es müde ist oder hungrig oder eure Körpernähe braucht. Unser Rat daher: Nehmt euch nicht zu viel vor, plant nicht zu weite Strecken in kurzer Zeit und hebt euch anstrengende Ausflüge und Wanderungen für ein anderes Mal auf. Gerade die Anfangszeit mit Baby kann herausfordernd und auch überfordernd sein, mutet euch nicht zu viel zusätzlichen Stress zu.

Achtet auch auf die kinderärztlichen »U-Untersuchungen« für euer Baby, die in Baden-Württemberg, Bayern und Hessen vorgeschrieben sind und die generell empfehlenswert sind. Die U3 steht in der 4. bis 5. Lebenswoche an, die U4 dann im 3. bis 4. Lebensmonat. Bis zur U5 sind es wieder 3–4 Monate (6.–7. Lebensmonat). Im Zweifel ist es immer eine gute Idee, euch mit eurem Kinderarzt abzusprechen, um keine Untersuchung zu verpassen.

Tagsüber

Für den Alltag mit Baby hatten wir die Babyschale für Fahrten und zum Liegen zwischendrin sowie eine Babyhängematte zum Einhängen oder klappbar zum Hinstellen. Dazu Tragetücher und Kinderwagen. Für größere Kinder dann später Kraxe und Buggy – die Anforderungen an euer Gepäck werden sich immer ein bisschen mit dem Alter des Kindes verändern. Tagsüber lag oder schlief das Baby auf dem Hubbett mit Rausfallschutz oder draußen auf einer Decke im Schatten, natürlich immer beaufsichtigt.

Nachts

Abends haben wir unsere Tochter meist beim Stillen im großen Bett im Fond hingelegt. Aus Decken und Kissen haben wir am Kopfende ein kleines Nest gebaut, aus dem sie auch nicht so schnell herauskugeln konnte. Das zusätzliche Anbringen des Rausfallschutzes ist natürlich obligatorisch. Schaut euch die Situation in eurem Wohnmobil an und bringt ggfs. ein eigenes Gitter mit, welches ihr zum Beispiel auch an einer Sitzbank selbst montieren könnt, damit ihr die Flexibilität habt, die ihr benötigt. Auch hier haben wir wieder super Erfahrungen mit Mobilen gemacht, die zwei Betten boten: ein Hubbett im vorderen Bereich und das große Bett im Fond. So konnte auch mal ein Erwachsener allein schlafen, wenn es nachts zu unruhig wurde.

Mahlzeiten

Wenn es bei euch mit dem Stillen klappt, ist das ein sehr einfacher und praktischer Weg, euer Baby auf Reisen zu versorgen. Der Moment nach dem Stillen, wenn das Baby einschläft, kann dann auch als Ruhephase für alle oder als Fahrtzeit dienen.

Milchpulver erhaltet ihr im Ausland oft nur in Apotheken, bringt auch da vielleicht einen eigenen Vorrat mit, am platzsparendsten ohne Umkartons.

Gläschen gibt es allerdings in fast jedem Supermarkt zu kaufen, und natürlich könnt ihr im Wohnmobil Breichen, zum Beispiel aus Karotten, Kürbis oder Zucchini, prima selbst kochen.

Achtung! Nutzt dazu aber bitte nicht das Wasser aus dem Hahn des Wohnmobils, selbst wenn ihr es über einen Außenfilter eingefüllt habt. Die Leitungen des Mobils müssen immer wieder gereinigt werden, und gerade bei Leihmobilen oder Gebrauchten hat man da wenig Einblick. Wir füllen Frischwasser in einen eigenen Kanister ab (BPA-frei) oder kaufen Wasser im Supermarkt. Das Wasser aus den Leitungen des Mobils nutzen wir zum Abspülen und Duschen oder um etwas im Wasserbad zu erwärmen.

Baden

Wenn ihr eine kleine Babywanne oder einen Eimer dabei habt, könnt ihr das Baby immer wieder darin baden. Ein Wäschekorb oder eine Waschschüssel, mit der man auf Campingplätzen den Abwasch erledigen kann, erfüllt denselben Zweck. Mancher hochwertig ausgestattete Campingplatz bietet auch einen eigenen Bereich mit Wannen und Duschen für Babys an.

Wir waren mit unserer Tochter bereits unterwegs, als sie nur drei Monate alt war, und haben das gemeinsame Reisen sehr genossen.

Wissenswertes beim Reisen mit Kindergartenkind

Für Kinder im Kindergartenalter kann das Reisen im Wohnmobil besonders spannend, aber auch hin und wieder herausfordernd sein. Vor allem auf längeren Fahrten, wenn das Kind müde ist, aber noch nicht schlafen kann oder wenn es hungrig ist, ihr aber zu eurem nächsten Platz noch eine Weile unterwegs sein werdet, kann es für Eltern und Kinder etwas anstrengend werden.

Fahren

Schaut, dass neben dem Kindersitz ein Erwachsener Platz hat und sich anschnallen kann. Dann kann mit Schmusen, Spielen, Knabbereien und etwas zu trinken wieder ein wenig Zeit überbrückt werden. Wir versuchen, unsere Fahrtzeiten immer am Nachmittag bis frühen Abend unterzubringen. Dann ist es in sonnigen Ländern nicht mehr so heiß wie mittags, und wir kommen noch im Hellen an unserem nächsten Übernachtungsplatz an, können uns einrichten und gemeinsam Abendessen. Sehr ausgedehnte Etappen vermeiden wir und teilen unsere Strecke lieber in kürzere Abschnitte von etwa 200–300 Kilometer ein.

Pausen

Unterwegs versuchen wir, Pausen so zu gestalten, dass für unsere Tochter Bewegung und Toben möglich ist. Oft findet sich ein kleiner Parkplatz in der Natur, an einem See oder in der Nähe eines Spielplatzes. Wir parken im Schatten, machen uns etwas zu essen und toben gemeinsam, bevor es dann wieder weitergeht.

Toilette

Das ist je nach Alter und Kind ein sehr individuelles Thema. Wenn wir über den Abend fahren, hat unsere Tochter meist eine Windel und schon den Schlafanzug an, sodass wir sie beim Zubettgehen nicht mehr wecken müssen und beim Einschlafen im Kindersitz nichts »daneben« geht. Tagsüber möchte sie selbst auf die Toilette gehen, wobei sie sich schon gut festhalten kann. Ein Hocker unter den Füßen hilft beim Raufklettern auf die Toilette und beim Füßeabstellen. Manche Kinder möchten gern eine Toilettensitzverkleinerung oder haben ein eigenes Töpfchen.

Das Reisen ist für Kinder eine besondere Situation. Ortswechsel, wechselnde Spielkameraden oder unterschiedliche klimatische Bedingungen führen dazu, dass Kinder sich unwohl fühlen können, mehr Nähe brauchen oder es Rückschritte bei bereits erlernten Gewohnheiten gibt, gerade auch in Sachen Toilette. Unsere Erfahrung hat gezeigt, dass Geduld und Nachsicht am ehesten dafür sorgen, dass sich die Situation für alle wieder entspannt.

Ausflüge und Aktivitäten

Kindergartenkinder finden in ihrer unmittelbaren Umgebung viel Neues und Interessantes zu entdecken. Ein Spaziergang kann zum Forschungserlebnis werden, bei dem Blätter, Nüsse oder Blumen gesammelt werden. Kieselsteine in besonderer Form oder eine Feder gehören zu den typischen Fundstücken und Schätzen unserer Tochter.

Ausflüge, die wir als Erwachsene typischerweise interessant finden, die Städtetour, das Bummeln durch die Läden oder Museumsbesuche, sind für unsere Tochter meist überfordernd, weil sie zu viele Eindrücke verarbeiten muss, gerade im Kontrast zum sonst recht überschaubaren Leben im Wohnmobil. Für solche Ausflüge trennen wir uns manchmal, und es tut auch uns Eltern gut, wenn Mama oder Papa ab und zu eine kleine Auszeit vom Familienleben hat, um auftanken zu können. Dasselbe gilt auch für sportliche Aktivitäten. Wir brauchen die Joggingrunde, Yoga und das Auspowern auf dem Fahrrad oder im Schwimmbad für unser Wohlbefinden. Vor allem, wenn wir viel gefahren sind und daher lange gesessen haben.

Die gemeinsamen Ausflüge halten wir eher kürzer und planen nicht zu viele Aktivitäten und Eindrücke an einem Tag. Zudem hilft es, eine Kraxe mit Sonnenschutz dabeizuhaben, bei Wanderungen genauso wie bei Städtetrips, oder einen Kinderwagen/Buggy, der allerdings je nach Größe in manchen Städten das Vorankommen erschweren kann.

Kindergartenkinder halten uns Erwachsene jedenfalls ganz schön beschäftigt, denn sie müssen immer beaufsichtigt werden. Denkt auch an euch als Paar, das ist besonders wichtig. Wir versuchen, unsere Abende schön zu gestalten, eine Lichterkette oder ein paar Kerzen aufzustellen und aneinandergekuschelt den Tag Revue passieren zu lassen. Hin und wieder gönnen wir uns zudem den Luxus einer Kinderbetreuung, die man zum Beispiel auf großen Campingplätzen findet oder in Städten bei Coworking-Spaces oder Indoor-Spielplätzen. Wie gut es dann tut, einfach nur als Paar im Café zu sitzen und die Seele baumeln zu lassen!

Was tun, wenn es tagelang regnet und man im Wohnmobil aufeinanderhängt? Das ist eine Frage, die wir oft gestellt bekommen. Regentage müssen keine Katastrophe sein, und wir möchten euch hier ein paar Anregungen geben, damit ihr das Reisen auch bei Regen genießen könnt.

Vorlesen Kinder (und auch Erwachsene) lieben es, vorgelesen zu bekommen. Wir haben deshalb immer ein paar Vorlesebücher dabei. Mit Kissen, Decken und einem wärmenden Tee ist es bei Regen im Wohnmobil doppelt so gemütlich wie anderswo! Auf manchen Campingplätzen findet man auch Kinderbücher zum Ausleihen oder hat liebe Nachbarn, die einem weiterhelfen. In Stadtnähe kann ein Ausflug in eine Bücherei spannend sein und die Zeit am Nachmittag vertreiben.

Schwimmbad / Therme Viele Schwimmbäder haben einen Kleinkindbereich und vielleicht sogar einen angeschlossenen Saunabereich. Dann trennen wir uns auf, sodass ein Erwachsener in der Sauna entspannen kann und der andere so lange mit unserer Tochter planscht.

Basteln / Malen Unsere Tochter liebt es zu malen. Wir haben immer etwas Malpapier, Malbücher oder Bastelpapier dabei. Das können auch alte Zeitungen sein oder Papiertüten, die wir zusammen mit Buntstiften bemalen. Fundstücke aus der Natur lassen sich sehr gut dazukleben, und so wird z. B. aus gesammelten Eichel-Hütchen eine auf Papier gemalte und geklebte Raupe. Mit einer Mal- und Bastelunterlage lässt sich auch im Wohnmobil eine größere Unordnung vermeiden.

Spiele / Puzzle Unsere Tochter liebt Puzzle und kann sich ziemlich lange selbst damit beschäftigen. Dasselbe gilt für Stickeralben. Einfache Kartenspiele oder Spiele wie »Memory« eignen sich gut für gemeinsame Zeit.

Kinderhörspiele von Streaminganbietern wie »Spotify« oder »Audible« sind ebenso spannend, hierzu wird allerdings das W-Lan-Passwort des Campingplatzes oder euer Datenvolumen gebraucht. Mit der »Toniebox« und ihren zugehörigen Figuren seid ihr unabhängig vom Internet.

Kochen / Backen Gemeinsames Kochen kann für Kinder sehr spannend sein. Unsere Tochter liebt es zu helfen und schält zum Beispiel Gemüse schon allein unter Aufsicht. Wenn ihr keinen Backofen zur Verfügung habt, könnt ihr trotzdem einen Hefeteig machen und in der Pfanne als Pfannenpizza ausbacken.

Filmmittag Mit ein paar Snacks oder Selbst zubereitetem Popcorn machen wir es uns auch mal zusammen gemütlich und schauen einen altersgerechten Film auf dem Laptop.

Die Umgebung erkunden Wenn es nicht gerade in Strömen regnet, ist es ein Muss für uns rauszugehen. Die Umgebung zu erkunden, ausgestattet mit Matschhose, Regenstiefeln und -jacke. Auch bei schlechtem Wetter brauchen Kinder Bewegung. Die nassen Sachen hängen wir in die Dusche oder packen sie, wenn sie sehr dreckig geworden sind, in einen großen Plastikbeutel (z. B. IKEA-Tasche). Bei der nächsten Gelegenheit werden sie dann abgewaschen.

Den Standort wechseln Wenn gar nichts mehr hilft und es über mehrere Tage nur regnen sollte, habt ihr im Wohnmobil einen großen Vorteil: Ihr könnt einfach den Standort wechseln und dem schlechten Wetter davonfahren.

Beschäftigungen beim Fahren

Klar, reine Fahrtzeiten werden für Kinder irgendwann richtig langweilig. So überbrücken wir die Zeit bis zum nächsten Stop:

Hörbuch hören mit Kinderkopfhörern auf unserem ausgedienten MP3-Player. Wichtig ist für uns, dass es eine bildschirmfreie Nutzung ist, damit unsere Tochter nicht verleitet wird, Youtube-Clips zu schauen.

Ich sehe was, was du nicht siehst Im Wohnmobil gibt es einiges zu entdecken!

Ich packe meinen Koffer und nehme mit ... Wie viele Teile könnt ihr euch merken?

Worte finden (für ältere Kinder) Man startet mit einem beliebigen Wort. Reihum muss jeder ein Wort finden, dessen Anfangsbuchstabe aus dem letzten Buchstaben des Wortes des Vorgängers besteht, z. B. ApfeL, LageR, RiesE, Erdnuss etc. Es wird schwieriger wenn man die Worte thematisch einschränkt und z. B. nur Länder und Städte erlaubt sind.

Gegenstände zählen oder Fahrzeuge zählen, die uns in einer bestimmten Farbe begegnen.

Autokennzeichen raten oder Wortneuschöpfungen bilden.

Tiptoi Buch und Stift von Ravensburger. Diese Bücher sind schon ein Klassiker und stehen bei unserer Tochter hoch im Kurs.

»Nimm nur Erinnerungen mit, hinterlasse nichts als Fußspuren.«

Wissen rund ums Wohnmobil

Wohnmobil und Nachhaltigkeit

Zugegeben, das Wohnmobilreisen zählt nicht gerade zu den nachhaltigsten Reiseformen. Innerhalb der EU soll es zudem ein Verkaufsverbot bzw. ein Verbot von Neuzulassungen für Pkw und Kleintransporter mit Verbrennungsmotoren ab dem Jahr 2035 geben. Man kann aber jetzt schon das ein oder andere tun, um das Reisen im Wohnmobil etwas nachhaltiger zu gestalten.

Müllvermeidung Das ist natürlich immer ein Thema, aber ganz besonders unterwegs. Wir kochen selbst, füllen in Vorratsdosen ab und trennen den Müll auch beim Reisen. Glas kommt in den Glascontainer, Plastik, Papier und Biomüll werden getrennt und entsprechend entsorgt. Je nach Land lässt sich das mehr oder weniger perfekt umsetzen, wir versuchen das aber, so gut es geht. Zusätzlich lässt sich Plastikmüll durch einen Trinkwasserfilter vermeiden, der schon vor dem Betanken des Mobils am Einfüllstutzen angebracht werden kann, oder danach, am Wasserhahn oder als separates Filtersystem. Auch beim Thema Windeln lässt sich viel Müll sparen, wenn man z. B. auf Stoffwindeln setzt.

Ausrüstung Eine Chemietoilette lässt sich durch eine umweltfreundlichere Trockentoilette ersetzen. Und die Photovoltaikanlage auf dem Dach kann den benötigten Strom liefern. Etwas Gewicht beim Packen einzusparen kann zusätzlich den Kraftstoffverbrauch senken.

Mindset Wir versuchen regional einzukaufen, zum Beispiel auf dem Bauernhof, auf dem wir übernachten. Und letztlich kann man auch an einem Übernachtungsplatz in der Natur die Umgebung ein wenig sauberer hinterlassen, als man sie vorgefunden hat. Wir haben dafür immer eine Greifzange dabei, um gemeinsam Müll aufzusammeln.

Ein wenig Wohnmobil-technik für Einsteiger

Solltet ihr zum ersten Mal mit dem Wohnmobil auf Reisen sein, fragt ihr euch vielleicht, wie das Prozedere mit der Toilette und dem Wasser unterwegs funktioniert. Oder ihr habt grundsätzlich Vorbehalte, euch mit einem so großen Fahrzeug fortzubewegen.

Rangieren

Auch uns ging es anfangs nicht anders. Wir waren daher zunächst eher auf größeren Straßen und Stellplätzen unterwegs. Und wir haben so geparkt, dass wir nicht kompliziert rangieren mussten. Nach einigen Tagen hat man die Abmessungen des Mobils in der Regel ganz gut im Gefühl. Automatik und Servolenkung helfen bei neueren Modellen beim Rangieren. Große Außenspiegel und Rückfahrkameras, mit denen viele neuere Mobile ausgestattet sind, verbessern die Rundumsicht erheblich. Beim Rangieren gilt: alles ganz langsam machen, auch die oberen Außenkanten des Fahrzeugs im Blick haben und immer vom Beifahrer einweisen und helfen lassen. Gerade bei größeren Modellen schauen einem andere Wohnmobilisten interessiert beim Rangieren zu, lasst euch davon einfach nicht aus der Ruhe bringen. Denkt beim Abstellen des Mobils auch ans Wegfahren, lasst genug Platz vorn und hinten, damit ihr nicht zugeparkt werden könnt, und achtet auf einen gut befahrbaren Untergrund, der auch bei Regen noch trägt.

Einige kleinere Plätze haben gerade im Bereich der Ver- und Entsorgung wenig Rangierfläche, oder die Zufahrten sind abenteuerlich, steil und eng. Stellt vorher das Mobil an geeigneter Stelle ab und macht zuerst eine Begehung zu Fuß. Schaut euch an, ob von den Bäumen niedrige Äste herabhängen, wie der Untergrund beschaffen ist und welches der beste Weg zum Ein- und Ausfahren ist. Gibt es auf dem Boden irgendwo Mulden, Steine, Straßenpoller, Absperrungen oder Begrenzungen, die ihr beim Rangieren übersehen könntet?

Wenn ihr nicht an eine Versorgungsstation herankommt, könnt ihr auch etwas Frischwasser mit der Gießkanne oder einem Kanister holen. Die Chemietoilette lässt sich meist herausnehmen und hat Rollen, damit kann man sie hinter sich herziehen, was sich erstmal merkwürdig anfühlt, aber üblich ist.

Frischwasser tanken und Grauwasser ablassen

Im Wohnmobil gibt es einen Wasserkreislauf, der aus Frischwasser und Abwasser (sogenanntes Grauwasser) besteht. Für beides gibt es eigene Tanks. Eine gute Größe beim Frischwassertank sind für uns 100 Liter und darüber. Ein voller 100-l-Tank reicht bei uns mit zwei Erwachsenen und einem Kind für etwa 3 Tage. Das Wasser aus den Leitungen des Mobils nutzen wir allerdings nicht zum Trinken.

Zum Befüllen des Frischwassertanks gibt es verschiedene Möglichkeiten. Mancherorts findet man einen Trinkwasserbrunnen, in dessen Nähe man parken kann. Mithilfe einer Gießkanne oder eines Kanisters lässt sich dann der Tank des Wohnmobils von außen befüllen. Mit der Gießkanne gestaltet es sich etwas einfacher, weil beim Einfüllen in den Tank nicht so viel danebengehen kann. Dafür muss man dann einige Male hin- und herlaufen, wobei Kinder hier super gern helfen und man gleich ein wenig zusammen die Umgebung erkunden kann.

Auf vielen Stellplätzen, Campingplätzen und an manchen großen Supermärkten gibt es Versorgungsstationen oder -automaten für Wohnmobile und Camper. Meist sind sie die Hauptquelle für Frischwasser. Je nach Station oder Platz ist die Technik für die Wasserabgabe unterschiedlich. Mal ist ein Schlauch mit Durchlaufmesser vorhanden, und man zahlt beim Platzwart oder der Rezeption einen Preis pro x Liter in bar. Mal ist an der Abgabe ein Münzkästchen angebracht, und man erhält mit dem Einwurf einer Euromünze an einem Wasserhahn für eine bestimmte Zeit oder bestimmte Anzahl an Litern automatisiert Wasser. Am Hahn muss man dann seinen eigenen Schlauch anschließen. Es empfiehlt sich, hierfür Adapter dabeizuhaben, in den Größen 1/2 Zoll, 3/4 Zoll und 3/8 Zoll.

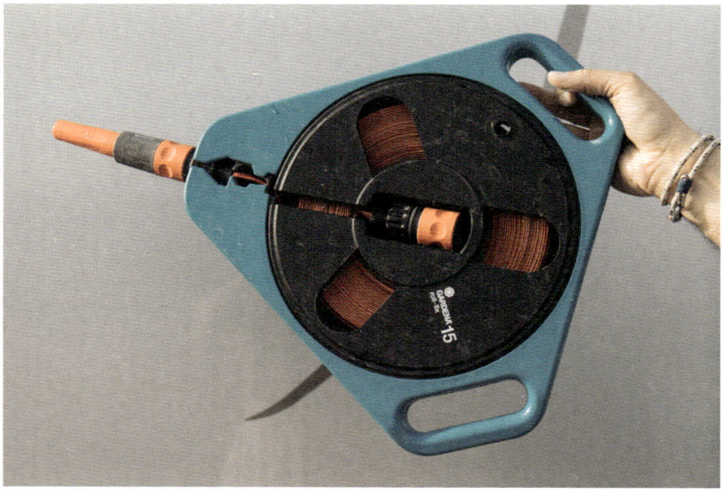

Manchmal muss man für die Wasserabgabe auch zusätzlich ein Knöpfchen drücken; dabei ist es besonders praktisch, einen Spanngurt anzubringen und einen Gegenstand, den man so dazwischenklemmen kann, dass dieser auf den Knopf drückt. Sonst steht man unter Umständen einige Minuten an der Wasserabgabe und muss selbst drücken. Wir durften auch schon für die Wasserabgabe Bargeld gegen passende Jetons wechseln, was nur in einem nahegelegenen Restaurant zu dessen Öffnungszeiten ging. So oder so sollte man sich nicht auf die Versorgungsstationen verlassen, sondern muss – gerade auf südlicheren Routen – auch damit rechnen, dass die Frischwasserabgabe oder Entsorgung defekt ist.

Im Inneren des Wohnmobils gibt es einen Zugang zum Frischwassertank, sodass ihr diesen aufschrauben könnt. Dadurch könnt ihr den Füllstand eures Tanks prüfen. Moderne Mobile bieten dafür auch ein Anzeigenpanel, an dem verschiedene Werte abge-

lesen werden können, wie zum Beispiel die Ladung der Batterien und auch der Inhalt der Wassertanks. Bei einigen Herstellern lassen sich diese Werte sogar in eine App auf dem Smartphone laden.

So prüft ihr dann auch den Füllstand eures Grauwassertanks, den ihr rechtzeitig leeren solltet.

In diesem Tank sammelt sich das Wasser, mit dem ihr abgespült habt, Hände gewaschen, geduscht, Zähne geputzt ... Es enthält daher ggfs. Seife oder Fettlöser, und ihr solltet das Grauwasser aus diesem Grund nicht in der Natur ablassen. An den Frischwasser-Versorgungsstationen findet ihr meist auch einen Gully oder Ähnliches, an dem das Grauwasser abgelassen werden kann. Dafür rangiert ihr mit eurem Mobil so über den Gully, dass der Auslass des Grauwassertanks sich direkt darüber befindet. Diesen Auslass findet ihr seitlich auf der Unterseite des Wohnmobils, meist hinter der hinteren Achse. Lasst euch beim Rangieren vom Beifahrer helfen und achtet auf die Umgebung, um nirgends hängen zu bleiben. Damit das Wasser ablaufen kann, müsst ihr noch den Tank öffnen. Dafür gibt es an eurem Mobil einen Hebel für die manuelle Öffnung oder auch einen Knopf, den ihr drücken müsst. Vergesst nicht, vor der Weiterfahrt den Tank wieder zu schließen.

Wohnmobilhersteller empfehlen übrigens, nicht mit vollen Tanks zu fahren, weil das Wasser in Kurven oder beim Beschleunigen und Bremsen gegen die Dichtungen der Tanks drückt und dadurch unter Umständen austreten kann.

Die Chemietoilette leeren

Viele Wohnmobile, vor allem die neueren, haben eine Toilettenschüssel eingebaut, wie ihr sie von zu Hause kennt. Meist ist sie aus Kunststoff, selten aus Keramik. Unter dem Auslass dieser Schüssel befindet

sich dann eine herausnehmbare Kassette, die über einen Riegel oder Hebel geöffnet und geschlossen wird, sodass der Inhalt der Schüssel in die Kassette laufen kann.

Bevor ihr zum ersten Mal die Toilette nutzt, solltet ihr ein wenig Wasser in die Kassette einfüllen. Mit dazu gebt ihr etwas von der »Chemie«, also Sanitärflüssigkeit, die ihr in Flaschen kaufen könnt oder auch in Form von kleinen Kunststoffsäckchen. So präpariert ihr eure Toilettenkassette auch jedes Mal nach dem Leeren, dann ist sie wieder einsatzbereit. In die Toilette solltet ihr keine Hygieneartikel, keine Feuchttücher, Taschentücher oder Binden und auch kein »normales« Toilettenpapier geben. Besorgt euch stattdessen spezielles Campingtoilettenpapier für Chemietoiletten, welches leichter zersetzbar ist. Vor dem Toilettengang legen wir davon zwei, drei Blatt in die Schüssel, dann lässt sie sich hinterher wieder leichter reinigen.

Dass die Kassette voll ist, wird euch meist über ein Lämpchen im Badezimmer signalisiert, welches dann rot leuchtet. Überprüft nochmals, ob die Kassette geschlossen/verriegelt ist. Außen am Mobil findet ihr dann eine rechteckige Klappe, die ihr öffnen könnt; dahinter ist die Toilettenkassette eingeschoben. Eventuell müsst ihr vor dem Herausziehen nochmals eine Sicherung entriegeln, dann könnt ihr die Kassette entnehmen. Achtung: Sie kann je nach Größe recht schwer sein.

An den schon beschriebenen Ver- und Entsorgungsstationen findet ihr meist auch einen Einfüllbereich für Chemietoiletten. Dieser sollte entsprechend gekennzeichnet sein, ansonsten fragt lieber nach. Bitte keinesfalls die Kassette über die »normalen« Toiletten oder gar in der Natur entleeren! An den Kassetten befindet sich ein herausklappbarer Stutzen, den ihr aufschrauben könnt und über den ihr die Kassette entleert. Spült dabei immer wieder Wasser nach und schwenkt die Kassette; auch dafür sollte ein Wasserhahn vorhanden sein, der kein Trinkwasser abgibt. Aus Hygienegründen bitte den Hahn nicht mit dem Stutzen der Kassette in Berührung bringen. Nach einigen Malen Kassette-Auskippen, mit etwas Wasser befüllen, Schwenken und Entleeren ist das ausgekippte Wasser nicht mehr trüb, sondern klar und eure Kassette gesäubert. Jetzt könnt ihr an der Versorgungsstation nachspülen und die Kassette auch von außen sauber machen. Abschließend schiebt ihr sie wieder an entsprechender Stelle in euer Wohnmobil und lasst sie einrasten.

Dieser anfangs recht unangenehme Teil des Wohnmobilreisens wird nach einigen Malen zur notwendigen Gewohnheit und Routine. Wir haben dafür Einmalhandschuhe dabei und Desinfektionsmittel für die Hände.

Die Handhabung einer Trockentrenntoilette

Eine Alternative zur Chemietoilette kann die sogenannte Trockentrenntoilette sein.

Herauslösen der Kassette

Typische Entsorgungsstation

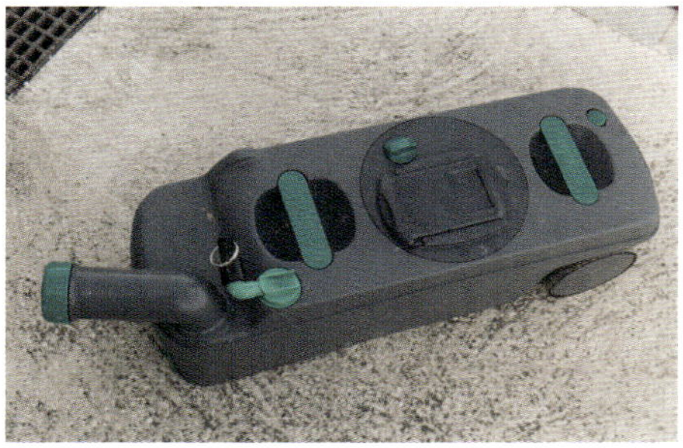

Eine eher größere Toilettenkassette

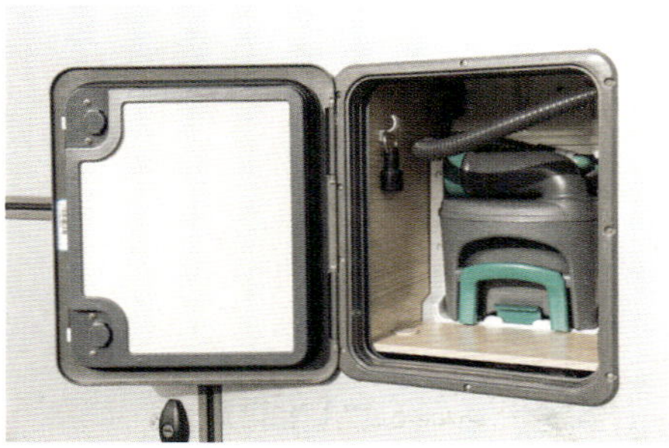

Wird bis zum Einrasten wieder in das Wohnmobil geschoben. Jetzt etwas Wasser und Toilettenchemie einfüllen.

Weil sie kein Wasser benötigt und die Belastung der Abwasserkanäle verringert, ist sie die umweltfreundlichere Variante. Zudem ist sie im Geruch neutraler als die Chemietoilette.

Wie funktioniert so eine Trockentrenntoilette? Das Innenleben der Toilette setzt sich aus drei Teilen zusammen: dem Trenneinsatz, dem Urinkanister und dem Feststoffbehälter. Der Trenneinsatz sorgt dafür, dass feste und flüssige Ausscheidungen getrennt »gesammelt« werden. Vor dem Toilettengang gibt man etwas Einstreu in die Toilette, und am Ende des Toilettengangs werden die Ausscheidungen wieder mit Streu abgedeckt. Das Streu bindet Gerüche und sorgt für die Trocknung. Es gibt ganze Blogartikel im Netz darüber, welche Arten von Streu verwendet werden können (z. B. Sägespäne, feiner Rindenmulch). Der Hersteller eurer Toilette hilft euch da sicherlich auch weiter.

Der Feststoffeimer der Toilette, ist mit einem Müllbeutel ausgekleidet, der, sobald er voll ist, über den üblichen Restmüll entsorgt werden kann. Gegebenenfalls gibt es hier in manchen Ländern abweichende Regeln, bitte erkundigt euch vorher. Der Urinkanister kann wiederum in einem ganz normalen WC entleert werden. Wenn ihr die Feststoffe über den Restmüll entsorgt, könnt ihr auch handelsübliches Toilettenpapier verwenden.

Solche Trockentrenntoiletten werden heute auch gern in Schrebergärten genutzt oder überall dort, wo keine Kanalisation vorhanden ist. Mit entsprechendem Know-how und der richtigen Handhabung lässt sich die Toilette sogar zur Kompostierung und zum Düngen verwenden.

Einbruchsicherheit im Wohnmobil

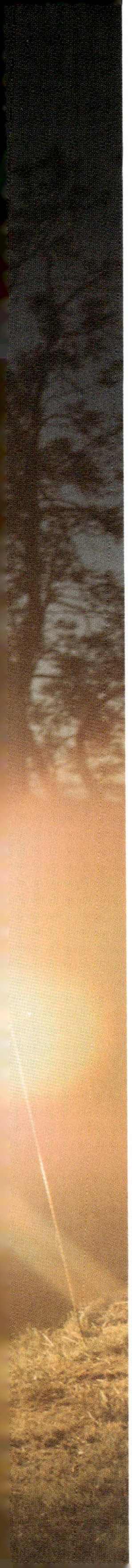

Wir sind bisher auf all unseren Reisen von Einbrechern und Diebstählen verschont geblieben, und dafür sind wir wirklich dankbar. Durch unsere Kamera- und Filmausrüstung haben wir immer wieder Wertsachen an Bord. Immerhin sind unsere Ausrüstungsgegenstände versichert, aber der Verlust der Daten und der Aufwand der Wiederbeschaffung wäre fatal. Zudem könnten wir ohne Ausrüstung nicht weiterarbeiten und müssten unsere Reise abbrechen.

Wir haben ein paar Sicherheitstipps für euch, um von Einbrüchen möglichst verschont zu bleiben:

Parkplatz/Stellplatz Gerade mit Kind versuchen wir immer, einen sicheren Stellplatz oder Parkplatz zu finden. Bevorzugt sind das in Stadtnähe überwachte Parkplätze und helle, belebte Orte. Auf Campingplätzen oder Stellplätzen suchen wir den Kontakt zu den Nachbarn. So wird es eher bemerkt, wenn eine unbekannte Person am Wohnmobil hantieren sollte. Auf Parkplätzen an Autobahnraststätten und bei Supermärkten versuchen wir, möglichst nicht alle zeitgleich das Mobil zu verlassen, d. h., ein Erwachsener bleibt immer zur Sicherheit im Wohnmobil. An Orten mit viel Durchgangsverkehr und schnellen Fluchtmöglichkeiten kann ein Einbruch wahrscheinlicher sein als anderswo.

Alarmanlage Das Angebot für Anlagen ist riesig. Wenn ihr nicht mit einem Mietmobil unterwegs seid, ist ein solcher Einbau sicherlich sinnvoll. Beim Auslösen von Türkontakten oder Bewegungssensoren geben die meisten Anlagen laute und schrille Töne ab oder warnen zusätzlich per App auf dem Mobiltelefon.

Zusatzschlösser an der Aufbautür und der Fahrertür können für zusätzliche Sicherheit sorgen.

Präpariertes Portemonnaie Wir verstecken einen leicht aufzufindenden, präparierten Geldbeutel, bevor wir das Wohnmobil verlassen. Darin befindet sich etwas Bargeld in Scheinen und Münzen und eher wertlose Karten wie z. B. die Rabattkarte einer Bäckerei und dergleichen.

Verstecke Ein großes Wohnmobil genauestens zu durchsuchen dauert lange. Es gibt unzählige Klappen und Lücken im Aufbau, in denen kleinere Gegenstände halbwegs sicher versteckt werden können. Wir versuchen zudem, Kreditkarten und Bargeld immer zu splitten, also einen Teil dabeizuhaben und den anderen Teil mit Klebeband an Stellen im Aufbau anzubringen, die man nicht so schnell finden kann. Wichtige Dokumente haben wir zusätzlich gescannt und in einem Cloudspeicher abgelegt.

Radkralle/Lenkradkralle Eine Kralle kann schon von außen deutlich sichtbar abschrecken und dabeihelfen, dass das Wohnmobil nicht geklaut wird.

GPS-Tracker Mit solchen Trackern lässt sich das Mobil im Fall des Diebstahls zumindest nachverfolgen. Zusatznutzen: Wenn man einmal den Rückweg zu seinem Parkplatz vergessen hat, findet man über den Tracker sein Mobil wieder. Mittlerweile merkt sich auch Google Maps den Standpunkt deines Parkplatzes und führt dich wieder dorthin zurück.

Wertgegenstände wie Laptops, Tablets, Handys und Kameras nicht offen liegen lassen. Das gilt auch für Scheck- und Kreditkarten sowie Ausweise und Pässe.

Checkliste
Wohnmobil mieten

Bevor ihr ein Wohnmobil anmietet, egal ob von privat oder vom Händler, können folgende Punkte helfen:

- Passt das Mobil zu euren Bedürfnissen in Sachen Grundriss, Anzahl Schlafplätze, Anzahl eingetragener Sitzplätze (mit Gurt) und Ausstattung?
- Dürft ihr das Mobil anhand eures **Führerscheins** fahren?
- Sind Länder angegeben, in die ihr nicht fahren dürft? Habt ihr für die übrigen Länder eine grüne Versichertenkarte erhalten? Wie hoch ist eure **Selbstbeteiligung** im Schadensfall? Sind kleinere Schäden im Innenraum von der Versicherung ebenso abgedeckt?
- Beim Mieten von privat: Ist das Fahrzeug explizit als »Vermietmobil« versichert?
- Passen die Kindersitze oder die Babyschale gut auf die hintere Sitzbank? Gibt es vielleicht sogar Isofix-Halterungen?
- Gibt es **Vorschäden** im Innen- und Außenbereich? Macht ggfs. Fotos davon.
- Funktioniert alles? Fenster, Rollos, Küchengeräte, Wasserhähne, Leuchten? Rasten Schubladen und Schranktüren ein?
- Habt ihr eine **technische Einweisung** erhalten? Insbesondere zur Gasanlage, Toilette, Tanks, Kühlschrank, Heizung, Sicherungskasten, Wechselrichter und zur Fahrzeugtechnik (z. B. Schalter zum Öffnen des Abwassertanks).
- Habt ihr alle **Bedienungsanleitungen** erhalten?
- Habt ihr Auffahrkeile, Stromkabel (ggfs. mit Adapter), Wasserschlauch, Pannenset, Warnweste, Warndreieck und Erste-Hilfe-Kasten erhalten?
- Sind die Gasflaschen gefüllt? Und ebenso der Kraftstoff-Tank? Macht zur Sicherheit noch ein Handyfoto des Kilometerstands.

Checkliste Wohnmobil kaufen

Bei einem gekauften Wohnmobil kann es viele Mängel geben, leider auch versteckte. Gebrauchte Mobile werden immer noch stark nachgefragt, da die Hersteller nach wie vor Lieferschwierigkeiten durch Ersatzteilmangel haben. Dadurch werden teilweise einige gebrauchte Mobile über Wert angeboten und verkauft. Nehmt zur Sicherheit einen Sachverständigen zu einer zweiten Besichtigung mit, wenn ihr Zweifel habt. Recherchiert in Wohnmobil-Foren vor dem Kauf nach den typischen »Problemzonen« eures Mobils oder eures Basisfahrzeuges. Dort könnt ihr im Allgemeinen auch Fragen stellen, wenn ihr unsicher seid.

Wichtige Punkte beim Gebrauchtkauf sind vor allem

Wie ist die **Emissionsklasse** des Mobils? Achtet dabei auf das Baujahr. Viele Wohnmobile auf dem Gebrauchtmarkt sind nicht mehr die jüngsten, und mit zunehmendem Alter steigt die Wahrscheinlichkeit, ein Mobil mit hohem Schadstoffausstoß zu erwerben. Diese älteren Wohnmobile erfüllen oft nicht die Anforderungen der Abgasnorm Euro 4, die für das Befahren der meisten Umweltzonen vorgeschrieben ist.

Der **nachträgliche Einbau** von Komponenten, die sich auf das zulässige Gesamtgewicht auswirken. Nur Komponenten, die zum Zeitpunkt der Erstzulassung verbaut waren, sind im Leergewicht beinhaltet. Alles andere (Fahrradträger, Klimaanlage) muss zum Leergewicht addiert werden und mindert eure eigene Zuladung.

Die Dichtigkeit Wasserschäden sind nicht auf den ersten Blick zu erkennen, können euch aber nachträglich jede Menge Ärger bescheren. Außerdem mindern sie den Wert des Mobils erheblich. Lasst euch die Dichtigkeit/Trockenheit zum Zeitpunkt des Kaufs zusätzlich im Kaufvertrag bestätigen und kontrolliert ggfs. mit einem Feuchtigkeitsmessgerät den Innenraum.

Schaut euch das **Serviceheft** an. Wurden alle Wartungsintervalle eingehalten? Werft auch einen Blick in den Prüfbericht der letzten Hauptuntersuchung. Lasst euch auflisten, welche **Reparaturen** es bereits gab. Das ist besonders wichtig, wenn ihr von privat kauft und es keine händlerseitige Gebrauchtwagengarantie gibt. Macht einen ausführlichen **Gebrauchtwagencheck** bei der Werkstatt eures Vertrauens oder bei ADAC, TÜV oder DEKRA.

Wie ist der **Zustand** von Bremsen, Reifen, Kupplung, Fahrzeug- und ggfs. Aufbau-Batterie?

Funktioniert alles ordnungsgemäß? Kontrolliert alle Dichtungen an Fenstern und Türen, alle Schubladen und Schränke, schaut von oben auf den Zustand des Fahrzeugs und prüft den Unterboden. Werft einen Blick in die Tanks (Frischwasser und Grauwasser), ob es hier womöglich Schimmel gibt, Sandablagerungen oder einen Schmutzfilm. Prüft die Markise auf Schimmel, Risse und auf ihre Funktionalität.

Macht eine oder mehrere **Probefahrten** und hört dabei auch genau hin, ob es verdächtige Geräusche gibt. Habt ihr abschließend eine **ausführliche Einführung** in Aufbau, Technik und Fahrzeug erhalten?

Mit jeder Reise hat sich unser Horizont erweitert,
wir sind reicher an Erlebnissen und Erfahrungen.

» Jeder Träumer weiß, dass es möglich ist, Heimweh nach einem Ort zu haben, an dem man noch nie war.«

Reisen im Winter

Das Wohnmobil im Winter

Kann man denn im Winter auch mit dem Wohnmobil unterwegs sein? Wenn ihr über eine Elternzeitreise nachdenkt und es terminlich in der kalten Jahreszeit am besten passen würde, stellt ihr euch vielleicht gerade dieselbe Frage. Aber auch als Eltern, die begeistert sind vom Wintersport oder die ihren Kindern die Schönheit der Natur im Winter und die sportlichen Möglichkeiten zeigen möchten, denkt ihr darüber nach, ob das Reisen im Wohnmobil in der kalten Jahreszeit eine Alternative sein könnte.

Es geht – und es macht Spaß, so viel vorweg. Man sollte aber bei der Planung Einiges beachten. Hierbei möchten wir euch ebenfalls Hilfestellung geben.

Ein winterfestes Wohnmobil sollte zunächst gut isoliert sein und die Möglichkeit bieten, beheizt werden zu können. Viele neuere Modelle haben einen Thermostat, der die Temperatur im Innenraum regelt und die Wärmezufuhr entsprechend dosiert. Eine gewisse Grundtemperatur sollte immer eingehalten werden, damit euch keine Leitungen zufrieren.

Auf unseren Winterreisen hatten wir immer eine regelbare Heizung mit Temperaturüberwachung, die wir tagsüber, wenn wir draußen unterwegs waren, so eingestellt haben, dass eine Grundwärme über dem Gefrierpunkt gegeben war. Wir konnten sogar per Mobiltelefon und Hersteller-App die Temperatur steuern und dadurch die Heizung von unterwegs aus wärmer einstellen, damit das Mobil bei unserem Eintreffen schön kuschlig war. Was für ein Luxus!

Beheizt wird dabei meist mit Gas. Man sollte also immer genau das Gewicht der Gasflaschen vor dem Losfahren prüfen. Idealerweise hat man ohnehin zwei Flaschen dabei, damit einem nicht mitten in der Nacht beim Heizen oder abends beim Kochen das Gas ausgeht. Merkt euch dabei ungefähr, wie lange eure Gasflasche gehalten hat, bis sie leer war. Dann bekommt ihr ein gutes Gefühl für euren Verbrauch, der sehr von eurem Wärmeempfinden, von euren Gewohnheiten und natürlich von der Außentemperatur abhängt. Schaut, dass ihr die leere Gasflasche mit eurer vollen Ersatzflasche tauscht und möglichst bald für Nachschub sorgt. In den meisten neueren Mobilen ist eine automatische Umschalteinrichtung verbaut. Ist eine Flasche leer, wird auf die Zweite umgeschaltet. Oft informieren rote/grüne Leuchtdioden im Display darüber, welche Flasche gerade aktiv ist und ob schon (automatisch) umgeschaltet wurde.

Unterwegs mit dem Wohnmobil im Winter? Ja, das geht – und es macht Spaß!

Gasflaschen und Nachschub beim Wohnmobilreisen im Ausland

Vermutlich habt ihr in eurem Wohnmobil einen Gasanschluss und Platz für die 11-kg- oder 5-kg-Propangasflasche, das sind weitverbreitete Standardmodelle. In Deutschland, Österreich und Polen bekommt ihr meist ohne Probleme im Tausch gegen eine leere Flasche eine volle Gasflasche in Baumärkten, auf Campingplätzen, an Tankstellen oder im Fachhandel. Leider gibt es in Europa aber keine einheitliche Regelung; solltet ihr also ins europäische Ausland reisen, informiert euch am besten online über die aktuelle Versorgungslage in Sachen Gas. Zusätzlich kann es notwendig sein, ein Europa-Füll-Set und ein Europa-Entnahme-Set für Gasflaschen dabeizuhaben.

Einen kurzen Überblick können wir euch aber schonmal geben

Belgien
Belgische Gasflaschen sind kompatibel mit den deutschen, ein Befüllen ist daher problemlos möglich. Zudem lassen sich die deutschen grauen Kaufflaschen häufig sogar einfach tauschen.

Dänemark
In Dänemark erhaltet ihr Gasflaschen unterschiedlicher Größe, die ihr an Automaten kaufen oder tauschen könnt. Ein entsprechendes Verbreitungsnetz solltet ihr aufgrund der Aktualität besser vorher googeln. Viele Campingplätze und BP-Gas-Stationen in unserem nördlichen Nachbarland verkaufen/tauschen aber auch deutsche Flaschen.

Finnland
Hier seid ihr auf die finnischen Gasflaschen angewiesen und solltet einen Euro-Set-Adapter dabeihaben.

Frankreich
Auch Frankreich hat eigene Systeme, zudem erhaltet ihr neben Propangas auch Butangas. In der Regel werdet ihr Propangas kaufen, weil das auch bei Minusgraden eingesetzt werden kann. Schaut euch die Abmessungen eures Gaskastens gut an und entscheidet dann, welche Flasche passt. Die französische 13-kg-Flasche des Herstellers Butagaz ist in ihren Maßen ähnlich zu den deutschen 11-kg-Flaschen, das Propangas wird hier in grau-blauen Flaschen abgefüllt.

Griechenland
In Griechenland gibt es eine gute Gasversorgung. Die Flaschen sind etwas kleiner als die deutschen. Du kannst sie fast überall kaufen und tauschen (Beleg aufbewahren, Europa-Entnahme-Set dabeihaben). Mancherorts werden sogar deine deutschen Flaschen befüllt, wenn du das Europa-Füll-Set dabei hast.

Italien
Auch hier ist die Gasversorgung gut, deutsche Flaschen werden häufig mit einem Adapter befüllt. Wenn du den Entnahme-Adapter dabeihast, kannst du auch die italienischen Flaschen (Bombole) anschließen.

Niederlande
Das Anschlusssystem ist kompatibel mit dem deutschen. Deine eigenen Flaschen kannst du häufig an Tankstellen oder auch im Fachhandel befüllen lassen.

Norwegen
Fast im ganzen Land kannst du deine Gasflaschen befüllen lassen. Adapter sind oft vor Ort vorhanden. Kaufst du eine norwegische Flasche, kannst du sie meist nicht zurückgeben. Um diese anzuschließen, benötigst du einen Euro-Adapter, in einigen Fällen auch ein Übergangsstück zum Druckregler. Idealerweise informierst du dich vorher beim Hersteller deines Systems, was genau du benötigst.

Portugal
Hier gibt es ein eigenes System, für das du einen Clip-On-Adapter und einen Adapter aus dem Euro-Set benötigst. Wir hatten aber auch schon Glück und konnten deutsche Flaschen auf Campingplätzen kaufen. Diese wurden vermutlich befüllt, was in Portugal aber im Grunde nicht erlaubt ist.

Schweden
Das Befüllen deutscher Flaschen ist an vielen Stellen möglich. Am besten schaust du online nach dem Verbreitungsnetz, dann kannst du es bei deiner Routenplanung entsprechend berücksichtigen. Bei den Flaschen, die du vor Ort kaufen kannst, benötigst du wieder einen Adapter.

Schweiz
Hier empfiehlt es sich, Schweizer Flaschen zu kaufen und einen Gas-Entnahme-Adapter und ggfs. einen Druckregler dabeizuhaben oder zu mieten. Deutsche Flaschen sollte man nicht befüllen, weil sich die Art der Dichtung zwischen Gasflasche und Druckminderer zu den deutschen Flaschen unterscheidet.

Spanien
Bitte informiere dich online über die aktuelle Situation und über regionale Tipps. Mittlerweile gibt es an manchen Camping- und Stellplätzen die Möglichkeit, deutsche Flaschen zu kaufen (Cepsa) oder zu befüllen (Gasbottle International).

Ihr seht, das Thema kann je nach Reiseland komplex sein. Es ist auf jeden Fall hilfreich, sich vorher genau über die Situation vor Ort zu informieren. Vor allem, wenn ihr im Winter reist und lieber nicht länger auf Gas verzichten wollt oder könnt.

Die technische Ausstattung im Winter

In erster Linie sollte euer Wohnmobil mit entsprechender Bereifung ausgestattet sein, also Winterreifen haben. Der Innenraum muss beheizbar sein, und manche Mobile haben sogar eine beheizbare »Garage«. Zusätzlich empfiehlt es sich, Schneeketten mitzuführen, wenn ihr in die Berge fahren wollt; diese können je nach Wetterlage vor Ort auch Pflicht sein.

Die Schneeketten werden dabei grundsätzlich auf die Reifen der antreibenden Achse montiert. Das verbessert auch eure Traktion oder gibt euch überhaupt erst den nötigen Grip auf Eisflächen. Schattige Stellen mit etwas Steigung lassen sich dann besser befahren, ohne wegzurutschen und umkehren zu müssen.

Ketten in eisigen Temperaturen zu montieren und nachzujustieren kann sehr unangenehm und durchaus schmutzig sein. Absolute Empfehlung: das Anlegen der Ketten einmal vor der Abfahrt zu Hause üben! Wenn man weiß, wie es geht, ist es später eine Sache von Minuten. Je nach Hersteller sind die Bedienungsanleitungen auch nicht immer direkt selbsterklärend. Vergewissert euch vor der Abreise, dass die Ketten die korrekte Größe für eure Reifen und die entsprechende Zulassung des Reiselandes haben.

Zusätzlich zu den Schneeketten ist es gut, einen kleinen Spaten dabeizuhaben und eine Schneeschaufel zum Freiräumen der Wege ums Wohnmobil, wenn ihr eingeschneit wurdet.

Ein Handbesen mit langem Stiel kann ggfs. dazu dienen, Schnee von den Außenwänden und Scheiben zu fegen.

Eure Packliste solltet ihr um die warme Kleidung ergänzen, die ihr benötigt: Schuhe, Mütze, Handschuhe und ggfs. eure Sportausrüstung. Dicke und warme Decken oder Federbetten, unter die ihr euch beim Schlafen kuscheln könnt, dürft ihr nicht vergessen. Wir haben unser Mobil nachts immer beheizt auf etwa 16 Grad (Thermostat) und uns unter ein Federbett und eine Wolldecke/Tagesdecke gekuschelt, das ging auch mit Kind super. Als unsere Tochter noch sehr klein war, hatte sie einen Winterschlafsack mit Trägern zum Anziehen und war darin mit einem kuschligen langen Body bekleidet.

Denkt bei all der zusätzlichen Ausrüstung an das zulässige Gesamtgewicht eures Mobils.

Das Reiseziel im Winter

Wir stehen gern frei, was im Winter aber problematischer werden kann. Kleinere Parkplätze oder Zufahrtsstraßen sind bei Schneefall nicht immer geräumt und dadurch weniger zugänglich. Im Winter tendieren wir daher eher zu einem Campingplatz in der Nähe eines Skiliftes, den wir anfahren und dort an Ort und Stelle ein paar Tage verbringen. Das hat zudem den Vorteil, dass es vor Ort häufig Trocknungsräume für Schuhe oder Sportkleidung gibt sowie Duschen und Toiletten. Schöne und gut gelegene Plätze sind oft schon lange im Voraus ausgebucht, man sollte sich also rechtzeitig um die Reiseplanung kümmern und dabei auch an die Route und die Befahrbarkeit im Winter denken, also gegebenenfalls etwas mehr Fahrtzeit oder einen Zwischenstopp einplanen. Nicht zuletzt sind viele Urlaubsrouten in den Winterferien vollkommen überlastet, und man muss einige Staus und Wartezeiten in Kauf nehmen.

Grundsätzlich aber ist der Wohnmobil-Urlaub im Winter ein wunderschönes Erlebnis. Morgens die Tür aufzumachen und direkt im Schnee zu stehen ist nicht nur für Kinder ein Traum. Einige Campingplätze sind so gut gelegen, dass man direkt die Skier auspacken und zum Lift laufen oder zu wunderschönen Wanderungen in der verschneiten Natur starten kann.

Abends sich dann im Wohnmobil in eine Decke einzukuscheln, mit einem warmen Tee in der Hand und dem Ausblick in die schneebedeckte Bergwelt: So lässt es sich schon wahnsinnig gut aushalten.

»Jede Reise hat ein Ende. Aber die Erinnerung daran ist unvergänglich.«

Schlusswort

Wir möchten euch mit diesem Buch und unseren Reiseerfahrungen inspirieren aufzubrechen. Probiert es aus, lasst eure Bedenken beiseite und traut euch, diese unfassbar schönen Erinnerungen mit eurem Kind oder Kindern zu sammeln. Denn Kinder erinnern sich später nicht an ihren besten Tag vor dem Fernseher. Sie erinnern sich an das Gefühl, das sie hatten, als sie von Mama und Papa geborgen über Stock und Stein getragen wurden und dabei faszinierende Tiere beobachten konnten. An das Prasseln des Regens auf das Dach des Wohnmobils, während sie eingekuschelt mit einer Tasse Kakao im Bett lagen. Daran, als sie frei und wild in der Natur Verstecke ausfindig machten, Höhlen entdeckten, Sandburgen bauten, auf Bäume kletterten, Fahrradtouren und Wanderungen erlebten. Die Sonne dabei beobachteten, wie sie abends ins Meer sank. Mit einer Decke draußen unterm Sternenhimmel Sternschnuppen zählten. In Sicherheit und trotzdem frei. All das bietet die Art, mit dem Wohnmobil zu reisen.

Uns geht es dabei nicht darum, möglichst weite Strecken zurückzulegen. Uns geht es darum, Neues zu wagen, raus aus dem Gewohnten und rein ins Abenteuer. Dass dabei nicht immer alles glatt läuft, versteht sich von selbst. Aber auch das gehört dazu, und nach jeder Reise hat sich unser Horizont erweitert. Wir sind reicher an Erlebnissen und Erfahrungen, reicher an Geschichten, die wir anderen mit funkelnden Augen erzählen und sie dazu anregen, sich ebenso auf den Weg zu machen.

Unser Motto »träumen, planen, machen und überraschen lassen« begleitet uns dabei ständig. Danke, dass ihr euch dafür interessiert und wir euch in eurer Planung begleiten durften.

Haltet zusammen, auch wenn es auf engem Raum mal krachen sollte, und genießt jeden einzelnen Moment, den ihr gemeinsam verbringt.

Es geht nicht darum, möglichst weite Strecken zurückzulegen. Es geht darum, Neues zu wagen, raus aus dem Gewohnten und rein ins Abenteuer.

Stichwortverzeichnis

Probiert es aus, lasst eure Bedenken beiseite und traut euch, diese unfassbar schönen Erinnerungen gemeinsam zu sammeln.

RV HY 894
HYMER

Bibliografische Information der Deutschen Nationalbibliothek
Die Deutsche Nationalbibliothek verzeichnet diese Publikation in der Deutschen Nationalbibliografie; detaillierte bibliografische Daten sind im Internet über http://dnb.dnb.de abrufbar.

1. Auflage
ISBN 978-3-667-12858-4

Fotos und Texte: Lisa und Sven Jöchler
Lektorat: Hanno Vienken
Gesamtgestaltung und Lithografie: Jörg Weusthoff,
Weusthoff & Reiche Design, Hamburg
Druck: Print Best, Viljandi
Printed in Estonia 2024

Delius Klasing Verlag GmbH, Siekerwall 21, D - 33602 Bielefeld
Tel.: 0521/559-0, Fax: 0521/559-115
E-Mail: info@delius-klasing.de
www.delius-klasing.de

Danke

Wir danken allen Leserinnen und Lesern, die dieses Buch als Inspiration und Ratgeber nutzen.

Unser Dank gilt dem Wohnmobilhersteller Hymer für unsere Kooperation und viele spannende Reisen in unterschiedlichen Mobilen. Wir möchten dem Delius Klasing Verlag dafür danken, dass sie unsere Buch-Idee mit uns gemeinsam umgesetzt haben. Und nicht zuletzt danken wir unseren Kindern für die wunderschönen Reisen und die gemeinsamen Momente, die fest in unseren Herzen verankert sind. Ein spezieller Dank geht an Nobby – danke für deine Inspiration und Ratschläge!